1682

SAMMLUNG
METZLER

W0065084

REALIEN ZUR LITERATUR
ABT. E:
POETIK

LUTZ RÖHRICH / WOLFGANG MIEDER

Sprichwort

MCMLXXVII

J. B. METZLERSCHE VERLAGSBUCHHANDLUNG

STUTTGART

CIP-Kurztitelaufnahme der Deutschen Bibliothek

Röhrich, Lutz
Sprichwort / Lutz Röhrich; Wolfgang Mieder. –
1. Aufl. – Stuttgart: Metzler, 1977.
  (Sammlung Metzler; M 154: Abt. E, Poetik)
  ISBN 3-476-10154-1

NE: Röhrich, Lutz:

ISBN 3 476 10154 1

M 154

© J. B. Metzlersche Verlagsbuchhandlung und Carl Ernst Poeschel Verlag GmbH
in Stuttgart 1977. Satz und Druck: Gulde-Druck, Tübingen.
Printed in Germany

INHALT

Die in Klammern beigefügten Buchstaben M (= Mieder) und R (= Röhrich)
bezeichnen den Anteil der beiden Autoren.

Bibliographien:

Bahder, Karl von, Die deutsche Philologie im Grundriss, 1883, S. 292-301.

Bernstein, Ignacy, Catalogue des Livres Parémiologiques composant la Bibliothèque de Ignace Bernstein, 2 Bde., Warschau 1900.

Bonser, Wilfrid, Proverb Literature. A Bibliography of Works Relating to Proverbs, London 1930; Nendeln/Liechtenstein 1967.

Bulbena y Tosell, Antonio, Asaig de Bibliografia paremiológica catalana, Barcelona 1915.

De Caro, Frank und *W. K. McNeil,* American Proverb Literature: A Bibliography, Bloomington/Indiana 1971.

Duplessis, M. G., Bibliographie parémiologique, Paris 1847; Nieuwkoop 1969.

Goedeke, Karl, Grundriß zur Geschichte der deutschen Dichtung, 2. Aufl., Bd. 2, 1886, S. 3-19 (§ 102-106).

Haller, Joseph, Altspanische Sprichwörter und sprichwörtliche Redensarten aus den Zeiten vor Cervantes, 2 Bde., 1883. Bd. 2 ist eine kritische Bibliographie.

Hand, Wayland, Writings of Archer Taylor on Proverbs and Proverbial Lore, in: Proverbium 15, 1970, 4-8.

Jente, Richard, A Review of Proverb Literature since 1920, in: Corona, Studies in Celebration of the Eightieth Birthday of Samuel Singer, Durham/North Carolina 1941, S. 23-44.

Loomis, Grant C., Bibliography of the Writings of Archer Taylor, in: Humaniora, Essays Honoring Archer Taylor on His Seventieth Birthday, New York 1960, S. 356-374.

Meier, John, Deutsche und niederländische Volkspoesie, 3. Teil: Sprichwörter, in: Grundriss der germanischen Philologie, hrsg. von Hermann Paul, Bd. 2, 1901-1909, S. 1258-1281.

Mieder, Wolfgang, Bibliographischer Abriß zur bildlichen Darstellung von Sprichwörtern und Redensarten, in: Forschungen und Berichte zur Volkskunde in Baden-Württemberg 3, 1976 (im Druck)

Mieder, Wolfgang, Das Sprichwort und die deutsche Literatur, in: Fabula 13, 1972, 135-149.

Mieder, Wolfgang, International Bibliography of Explanatory Essays on Proverbs and Proverbial Expressions Containing Names, in: Names 23, 1975 (im Druck).

Mieder, Wolfgang (Hrsg.), Selected Writings on Proverbs by Archer Taylor (FFC 216), Helsinki 1975, S. 195-203 Verzeichnis der parömiologischen Schriften Archer Taylors.

Mieder, Wolfgang, The Proverb and Anglo-American Literature, in: Southern Folklore Quarterly 38, 1974, 49-62.

Mieder, Wolfgang, The Proverb and Romance Literature, in: Romance Notes 15, 1974, 610-621.

Moll, Otto E., Sprichwörterbibliographie, 1958.

Nopitsch, Christian Conrad, Literatur der Sprichwörter, 2. Aufl., 1833; 1974.

Pitrè, Giuseppe, Bibliografia delle tradizioni popolari d'Italia, Torino 1894, S. 177-257.

Röhrich, Lutz, Lexikon der sprichwörtlichen Redensarten, 2 Bde., 1973,⁴1976. Bibliographie in Bd. 2, S. 1191-1213.

Sbarbi, José Maria, Monografía sobre los Refranes, Adagios y Proverbios Castellanos, Madrid 1891.

Taylor, Archer, A Bibliographical Note on Wellerisms, in: Journal of American Folklore 65, 1952, 420-421.

Taylor, Archer, An Introductory Bibliography for the Study of Proverbs, in: Modern Philology 30, 1932, 195-210. Auch in W. *Mieder* (Hrsg.), Selected Writings on Proverbs by Archer Taylor (FFC 216), Helsinki 1975, S. 180-194.

Taylor, Archer, Investigations of English Proverbs, Proverbial and Conventional Phrases, Oaths, and Clichés, in: Journal of American Folklore 65, 1952, 255-265.

Werner, Jürgen, Sprichwortliteratur, in: Zeitschrift für Volkskunde 57, 1961, 118-132 und 58, 1962, 114-129.

Zacher, Julius, Die deutschen Sprichwörtersammlungen nebst Beiträgen zur Charakteristik der Meusebachschen Bibliothek. Eine Bibliographische Skizze, 1852.

Sekundärliteratur:

(Hier werden nur allgemeine Arbeiten zum Sprichwort verzeichnet)

Abrahams, Roger D., Proverbs and Proverbial Expressions, in: Folklore and Folklife, hrsg. von Richard Dorson, Chicago 1972, S. 117-127.

Agricola, Erhard, Wörter und Wendungen. Wörterbuch zum deutschen Sprachgebrauch, 1962, S. XIII-XXXII.

Agricola, Erhard, Wolfgang Fleischer, Helmut Protze und *Wolfgang Ebert*, Die deutsche Sprache, Bd. 1, 1969, S. 580-605.

Barley, Nigel, The Proverb and Related Problems of Genre-Definition, in: Proverbium 23, 1974, 880-884.

Bausinger, Hermann, Formen der »Volkspoesie«, 1968, S. 90-106.

Bebermeyer, Gustav, Art. »Sprichwort« in: Reallexikon der deutschen Literaturgeschichte, Bd. III, 1928-1929, S. 281-287.

Blehr, Otto, What is a Proverb? in: Fabula 14, 1973, 243-246.

Breitkreuz, Hartmut, The Study of Proverbs: A Case-Model of an Integrated Approach, in: Fabula 14, 1973, 247-252.

Bryant, Margaret M., Proverbs and How to Collect Them, Greensboro/North Carolina 1945.

Burger, Harald, Idiomatik des Deutschen, 1973, S. 32-60.

Čubelić, Tvrtko, The Characteristics and Limits of Folk Proverbs within the System and Structure of Oral Folk Literature, in: Proverbium 23, 1974, 909-914.

Cuscoy, Luis Diego, Paremiología y literatura, in: Archivos Venezolanos de Folklore 1, 1952, 81-91.

D'Israeli, I., A Second Series of Curiosities of Literature, Bd. 1, London 1823, S. 414-480.

Dölker, Helmut, Sprichwörter – Vergleichbares verschieden gesagt, in:

Dona Ethnologica, Beiträge zur vergleichenden Volkskunde, Leopold Kretzenbacher zum 60. Geburtstag, 1973, S. 330-339.

Dundes, Alan, On the Structure of the Proverb, in: Proverbium 25, 1975, 961-973.

Forster, Eleanor Anne, The Proverb and the Superstition Defined, Diss. University of Pennsylvania, 1968.

Gerber, Gustav, Die Sprache als Kunst, Bd. 2, 1885, S. 394-438.

Grambo, Ronald, Paremiological Aspects, in: Folklore Forum 5, Heft 3, 1972, 100-105.

Greimas, A.-J., Idiotismes, proverbes, dictons, in: Cahiers de Lexicologie 2, 1960, 41-61.

Grigas, Kazys, Der syntaktische Aspekt bei der vergleichenden Forschung der Sprichwörter, in: Proverbium 23, 1974, 914-919.

Grober-Glück, Gerda, Motive und Motivationen in Redensarten und Meinungen, 2 Bde., 1974.

Hain, Mathilde, Das Sprichwort, in: Deutschunterricht 15, Heft 2, 1963, 36-50.

Hain, Mathilde, Art. »Sprichwort und Rätsel« in: Deutsche Philologie im Aufriß, 2. Aufl., Bd. III, 1962, Sp. 2727-2742.

Hain, Mathilde, Sprichwort und Volkssprache. Eine volkskundlich-soziologische Dorfuntersuchung, 1951.

Herzenstiel, Werner R., Erziehungserfahrung im deutschen Sprichwort, 1973.

Hofmann, Winfried, Das rheinische Sagwort, 1959.

Honcamp, F. C., Das Sprichwort, sein Werth und seine Bedeutung, in: Rheinische Blätter für Erziehung und Unterricht 8, 1861, 115-132.

Hulme, F. Edward, Proverb Lore, London 1902; Detroit 1968.

Jason, Heda, Proverbs in Society: The Problem of Meaning and Function, in: Proverbium 17, 1971, 617-623.

Jente, Richard, The Untilled Field of Proverbs, in: Studies in Language and Literature, hrsg. von George R. Coffman, Chapel Hill/North Carolina 1945, S. 112-119.

Jolles, André, Einfache Formen, 1930; 1965, S. 150-159.

Kirchner, Oswald Robert, Parömiologische Studien, 2 Teile, 1879 und 1880 (= Wissenschaftliche Beiträge zum Programm der Realschule zu Zwikkau).

Kirshenblatt-Gimblett, Barbara, Toward a Theory of Proverb Meaning, in: Proverbium 22, 1973, 821-827.

Klappenbach, Ruth, Feste Verbindungen in der deutschen Gegenwartssprache, in: Beiträge zur Geschichte der deutschen Sprache und Literatur 82 (Sonderband), Halle 1961, 443-457.

Knittermeyer, Hinrich, Was bedeutet uns das Sprichwort? in: Bremer Beiträge zur niederdeutschen Volkskunde, 1957, 86-94.

Krikmann, Arvo, On Denotative Indefiniteness of Proverbs, Tallinn 1974.

Krikmann, Arvo, Some Additional Aspects of Semantic Indefiniteness of Proverbs, Tallinn 1974.

Krikmann, Arvo, Some Difficulties Arising at Semantic Classifying of Proverbs, in: Proverbium 23, 1974, 865-879.

Kuusi, Anna-Leena, An Approach to Categorisation of Phrases, in: Proverbium 23, 1974, 895-904.

Kuusi, Matti, Ein Vorschlag für die Terminologie der parömiologischen Strukturanalyse, in: Proverbium 5, 1966, 97-104.

Kuusi, Matti, Parömiologische Betrachtungen (FFC 172), Helsinki 1957.

Kuusi, Matti, Regen bei Sonnenschein. Zur Weltgeschichte einer Redensart (FFC 171), Helsinki 1957.

Kuusi, Matti, Tiefenstruktur und Oberflächenstruktur in der Parömiologie, in: Proverbium 23, 1974, 920-924.

Kuusi, Matti, Towards an International Type-System of Proverbs (FFC 211), Helsinki 1972. Auch in Proverbium 19, 1972, 699-736.

Lautenbach, Jakob, Zur Parömiologie, in: Studien zur vergleichenden Literaturgeschichte 7, 1907, 336-351.

Levin, Isidor, Überlegungen zur demoskopischen Parömiologie, in: Proverbium 11, 1968, 289-293 und 13, 1969, 361-366.

Loukatos, Démétrios, L'emploi du proverbe aux différents âges, in: Proverbium 2, 1965. 17-26.

Maaß, Karl, Über Metapher und Allegorie im deutschen Sprichwort, in: Programm des Wettiner Gymnasiums in Dresden, 1891, S. 1-23.

Mackensen, Lutz, Gutes Deutsch in Schrift und Rede, 1968, S. 90-115.

Marvin, Dwight Edwards, The Antiquity of Proverbs, New York 1922.

Mieder, Wolfgang, Das Sprichwort in der deutschen Prosaliteratur des 19. Jahrhunderts, 1976.

Mieder, Wolfgang, Das Sprichwort in unserer Zeit, Frauenfeld 1975.

Mieder, Wolfgang (Hrsg.), Ergebnisse der Sprichwörterforschung, Bern 1977 (im Druck).

Mieder, Wolfgang (Hrsg.), Selected Writings on Proverbs by Archer Taylor (FFC 216), Helsinki 1975.

Mieder, Wolfgang, Sprichwörter im modernen Sprachgebrauch, in: Muttersprache 85, 1975, 65-88.

Mieder, Wolfgang, The Essence of Literary Proverb Studies, in: Proverbium 23, 1974, 888-894. Auch in New York Folklore Quarterly 30, 1974, 66-76.

Militz, Hans-Manfred, Zur gegenwärtigen Problematik der Phraseologie, in: Beiträge zur romanischen Philologie 11, 1972, 95-117.

Milner, George B., De l'armature des locutions proverbiales: Essai de taxonomie sémantique, in: L'Homme 9, 1969, 49-70.

Milner, George B., The Quartered Shield: Outline of a Semantic Taxonomy, in: Social Anthropology and Language, hrsg. von Edwin Ardener, London 1971, S. 243-269.

Milner, George B., What is a Proverb? in: New Society 332, 1969, 199-202.

Mone, Franz, Zur Litteratur und Geschichte der Sprichwörter, in: Quellen und Forschungen 1, 1830, 186-214.

Müller-Schwefe, Gerhard, Sprichwörter als Übersetzungsproblem, in: Die Neueren Sprachen 71, 1972, 341-351.

Neumann, Siegfried, Aspekte der Wellerismen-Forschung, in: Proverbium 6, 1966, 131-137.

Petsch, Robert, Spruchdichtung des Volkes, 1938, S. 103-125.

Pilorz, Alfons, Le proverbe et la locution considérés dans leur structure syntaxique, in: Roczniki Humanistyczne 12, 1964, 69-80

Prantl, Carl von, Die Philosophie in den Sprichwörtern, 1858.

Priebe, Richard, The Horses of Speech: A Structural Analysis of the Proverb, in: Folklore Annual of the University of Texas Folklore Association 3, 1971, 26-32.

Rahn, Fritz, Die Redensart, in: Deutschunterricht 1, Heft 4, 1948-1949, 22-38.

Röhrich, Lutz, Gebärde-Metapher-Parodie. Studien zur Sprache und Volksdichtung, 1967.

Röhrich, Lutz, Sprichwörtliche Redensarten aus Volkserzählungen, in: Volk, Sprache, Dichtung, Festgabe für Kurt Wagner, 1960, S. 247-275.

Röhrich, Lutz, Sprichwörtliche Redensarten in bildlichen Zeugnissen, in: Bayerisches Jahrbuch für Volkskunde, 1959, 67-79.

Röhrich, Lutz, Lexikon der sprichwörtlichen Redensarten, 2 Bde., 1973, ⁴1976. Umfassende Einleitung in Bd. 1, S. 9-34, detaillierte Bibliographie in Bd. 2, S. 1191-1213.

Rothstein, Robert A., The Poetics of Proverbs, in: Studies Presented to Professor Roman Jakobson, Cambridge/Mass. 1969, S. 265-274.

Rupprecht, Karl, Art. »Paroimia« in: Realencyclopädie der classischen Altertumswissenschaft, Bd. XVIII, 4, 1949, Sp. 1707-1735.

Rupprecht, Karl, Art. »Paroimiographoi« in: Realencyclopädie der classischen Altertumswissenschaft, Bd. XVIII, 4, 1949, Sp. 1735-1778.

Schmarje, Susanne, Das sprichwörtliche Material in den Essays von Montaigne, 2 Bde., 1973. Allgemeine Sprichwortforschung in Bd. 1, S. 3-77.

Schmidt-Hidding, Wolfgang, Sprichwörtliche Redensarten. Abgrenzungen – Aufgaben der Forschung, in: Rheinisches Jahrbuch für Volkskunde 7, 1956, 95-144.

Seiler, Friedrich, Das deutsche Sprichwort, 1918.

Seiler, Friedrich, Deutsche Sprichwörterkunde, 1922; 1967.

Seiler, Friedrich, Das deutsche Lehnsprichwort (Bd. 5-8 von F. Seilers Die Entwicklung der deutschen Kultur im Spiegel des deutschen Lehnwortes), 1921-1924.

Seitel, Peter, Proverbs: A Social Use of Metaphor, in: Genre 2, 1969, 143-161.

Szemerkényi, Agnes und *Vilmos Voigt,* The Connection of Theme and Language in Proverb Transformations, in: Acta Ethnographica Academiae Scientiarum Hungaricae 21, 1972, 95-108.

Tallgren-Tuulio, O. J., Locutions figurées calquées et non calquées. Essai de classification pour une série de langues littéraires, in: Mémoires de la Société néo-philologique de Helsingfors 9, 1932, 279-324.

Taylor, Archer (Hrsg.), Comparative Studies in Folklore. Asia-Europe-America, Taipei 1972.

Taylor, Archer, Problems in the Study of Proverbs, in: Journal of American Folklore 47, 1934, 1-21. Auch in W. Mieder (Hrsg.), Selected Writings on Proverbs by Archer Taylor (FFC 216), Helsinki 1975, S. 15-39.

Taylor, Archer, The Proverb. Cambridge/Mass. 1931; Hatboro/Pa. 1962.

Taylor, Archer, Bartlett Jere Whiting, Francis W. Bradley, Richard Jente und

Morris Palmer Tilley, The Study of Proverbs, in: Modern Language Forum 24, 1939, 57-83. Auch in W. Mieder (Hrsg.), Selected Writings on Proverbs by Archer Taylor (FFC 216), Helsinki 1975, S. 40-67.

Taylor, Archer, The Study of Proverbs, in: Proverbium 1, 1965, 1-10. Auch in W. Mieder (Hrsg.), Selected Writings on Proverbs by Archer Taylor (FFC 216), Helsinki 1975, S. 74-83.

Taylor, Archer, The Collection and Study of Proverbs, in: Proverbium 8, 1967, 161-177. Auch in W. Mieder (Hrsg.), Selected Writings on Proverbs by Archer Taylor (FFC 216), Helsinki 1975, S. 85-100.

Terner, Emil, Die Wortbildung im deutschen Sprichwort, 1908.

Trench, Richard, On the Lessons in Proverbs, London 1853; 1905.

Urbas, Wilhelm, Die Sprichwörter und ihre Entstehung, in: Neue Monatshefte für Dichtkunst und Kritik 4, 1876, 501-513.

Voigt, Vilmos, Variantenschichten eines ungarischen Proverbiums, in: Proverbium 15, 1970, 541-544. Auch in Acta Linguistica Academiae Scientiarum Hungaricae 20, 1974, 357-364.

Whiting, Bartlett Jere, The Nature of the Proverb, in: Harvard Studies and Notes in Philology and Literature 14, 1932, 273-307.

Whiting, Bartlett Jere, The Origin of the Proverb, in: Harvard Studies and Notes in Philology and Literature 13, 1931, 47-80.

Wollenweber, Bernd, Sprichwort, in: Projekt Deutschunterricht 6. Kritischer Literaturunterricht – Dichtung und Politik, hrsg. von Heinz Ide und Bodo Lecke, 1974, S. 64-92.

Zeitschrift:

Proverbium – Bulletin d'informations sur les recherches parémiologiques publié par Julian Krzyzanowski, Varsovie, Matti Kuusi, Helsinki, Démétrios Loukatos, Athènes, Archer Taylor, Berkeley, 1 ff., Helsinki 1965 ff.

I. Name und Begriff

Für das heutige Wort *Sprichwort* stehen im Althochdeutschen Ausdrücke wie ›bîscaft‹, ›bîspel‹ und ›bîwort‹, während im Mittelhochdeutschen bereits Zusammensetzungen wie ›altez, altsprochen, gemeinez wort‹ gebräuchlich sind. Um 1200 setzt sich jedoch ›sprichwort‹ immer mehr durch, dessen Etymologie nicht völlig eindeutig ist. Allgemein wird angenommen, daß Sprichwort eine tautologische Zusammensetzung der mittelhochdeutschen Wörter ›spriche‹ und ›wort‹ darstellt, etwa in der Bedeutung von ›vielgesprochenes Wort‹. Im 16. Jh. treten dann noch die Sekundärformen ›Sprüchwort‹ und ›Spruchwort‹ auf, die durch volksetymologische Anlehnung an ›Spruch‹ entstanden sein dürften. Heute gilt Sprichwort als die ausschlaggebende Form, obwohl Sprüchwort im Dialekt zuweilen noch zu finden ist.

Literatur:

Brüder Grimm, Deutsches Wörterbuch, Art. »Sprichwort« in Bd. X, 1919, Sp. 62-70.

Kluge, Friedrich, Etymologisches Wörterbuch, 1883; 1967, S. 731.

Seiler, Friedrich, Das deutsche Sprichwort, 1918, S. 1.

Seiler, Friedrich, Deutsche Sprichwörterkunde, 1922; 1967, S. 1.

Schröder, Edward, Sprichwort, in: Zeitschrift für deutsches Altertum und deutsche Literatur 59, 1922, 48.

Schulze, Carl, Ausdrücke für Sprichwort, in: Zeitschrift für deutsches Altertum und deutsche Literatur 8, 1851, 376-384.

Bebermeyer, Gustav, Art. »Sprichwort« in: Reallexikon der deutschen Literaturgeschichte, Bd. III, 1928-1929, S. 281-287.

Eine endgültige Definition des Sprichworts liegt immer noch nicht vor. Selbst *Archer Taylor,* dessen zahlreiche Veröffentlichungen die Parömiologie (Sprichwörterkunde) der letzten Jahrzehnte ausschlaggebend beeinflußten, hat dieses Dilemma nicht beseitigen können. In seinem berühmten Buch »The Proverb« (1931) stellt er resignierend fest, daß es keine umfassende Definition des Sprichworts geben kann. Trotzdem hat es an den verschiedensten Sprichwortdefinitionen von der Antike bis zur Gegenwart keineswegs gefehlt, die von *Bartlett Jere Whiting* kritisch zusammengestellt worden sind.

Eine Zusammenfassung früherer deutschsprachiger Definitionen gibt *Friedrich Seiler.* Er versteht unter Sprichwörtern »im Volksmund umlaufende, in sich geschlossene Sprüche von lehrhafter Tendenz und gehobener Form« (S. 2). Als Hauptmerkmal gilt Seiler die ›Volksläufigkeit‹, die auch von der neueren Forschung als wichtiges Grundelement des Sprichwortes angesehen wird, wobei allerdings betont werden muß, daß es verschiedene Grade der Popularität gibt, d. h. es gibt Sprichwörter, die nur in einem Ort, einer Gegend oder einem Land bekannt sind; es gibt aber auch Sprichwörter, die international verbreitet sind. Das Sprichwort als in sich geschlossenen Spruch zu bezeichnen ist irreführend. Es handelt sich beim Sprichwort zwar um vollständige Sätze, aber nur selten um Sprüche von mehreren Zeilen. Äußerst problematisch ist schließlich Seilers Betonung der lehrhaften Tendenz des Sprichwortes, gegen die *André Jolles* kräftigen Einspruch erhoben hat. *Mathilde Hain* nimmt eine überzeugende Mittelstellung ein, indem sie darauf hinweist, daß die Lehrhaftigkeit nur eine von vielen Funktionswerten des Sprichwortes ist. Es ist aber verkehrt, dem Sprichwort von vornherein eine gewisse Lehrhaftigkeit aufzudrängen. Allgemeiner, dafür allerdings weniger präzise, erweist sich *Matti Kuusis* Definition, die die Sprichwörter kurz und bündig als »monumenta humana« (S. 52) bezeichnet.

In den Definitionen der letzten Jahre wird vor allem betont, daß es sich beim Sprichwort um einen vollständigen und festen Satz handelt. So versteht *Lutz Röhrich* unter einem Sprichwort »einen festgeprägten Satz, der eine unser Verhalten betreffende Einsicht oder eine Aufforderung zu einem bestimmten Verhalten ausspricht« (S. 9). Dabei ist es unwichtig, durch welche poetischen Mittel (z. B. Alliteration, Reim, Rhythmus, etc.) sich dieser Satz auszeichnet. Die Hauptsache ist, der Satz hat eine allgemeine Gültigkeit und drückt diese in einprägsamer Sprache aus. Einen interessanten Aspekt fügt *Hermann Bausinger* seiner Sprichwortdefinition bei, indem er von einer »partiell gültigen Lebensregel« (S. 98) spricht. Dabei wird deutlich, daß das Sprichwort keine absolute Weisheit ausdrückt. In der Tat sind Sprichwörter nur »allgemeine Aussagen oder Urteile, mit denen eine gegebene Situation erklärt, eingeordnet, beurteilt wird« (Burger, S. 54).

Die hier erwähnten Definitionen lassen erkennen, wie kompliziert selbst das scheinbar so einfache Sprichwort ist. In der internationalen Forschung hat man daher versucht, durch die linguistische Strukturanalyse zu einer Definition zu gelangen. Vor allem *Nigel Barley*, *Alan Dundes* und *George B. Milner* haben sich auf diesem Gebiet große Verdienste erworben. Doch hier handelt es sich bisher nur um interessante Durchbruchsversuche, die sich hauptsächlich auf das angelsächsische Sprichwortmaterial beschränken. Wenn Dundes z. B. ein Sprichwort beschreibt als »a traditional propositional statement consisting of at least one descriptive element, a descriptive element consisting of a topic and a comment« (S. 970), so sagt dies nichts über die Funktion, d. h. die Biologie, und den Inhalt des Sprichwortes aus. Ganz allgemein könnte man vielleicht als *Arbeitsdefinition* folgende Formulierung aufstellen: *Sprichwörter sind allgemein bekannte, festgeprägte Sätze, die eine Lebensregel oder Weisheit in prägnanter, kurzer Form ausdrücken.*

Literatur:

Barley, Nigel, A Structural Approach to the Proverb and Maxim with Special Reference to the Anglo-Saxon Corpus, in: Proverbium 20, 1972, 737-750.

Bausinger, Hermann, Formen der »Volkspoesie«, 1968, S. 95-99.

Bebermeyer, G. Art. »Sprichwort« in: Reallexikon der deutschen Literaturgeschichte, Bd. III, 1928-1929, S. 281-287.

Blehr, Otto, What is a Proverb? in: Fabula 14, 1973, 243-246.

Burger, Harald, Idiomatik des Deutschen, 1973, S. 53-58.

Dundes, Alan, On the Structure of the Proverb, in: Proverbium 25, 1975, 961-973.

Hain, Mathilde, Art. »Sprichwort und Rätsel« in: Deutsche Philologie im Aufriss, 2. Aufl., Bd. III, 1962, Sp. 2727-2742.

Jolles, André, Einfache Formen, 1930; 1965, S. 150-159.

Kuusi, Matti, Parömiologische Betrachtungen (FFC 172), Helsinki 1957.

Mieder, Wolfgang, Art. »Sprichwörter« in: Brockhaus Enzyklopädie, Bd. 17, 1973, S. 780-781.

Mieder, Wolfgang (Hrsg.), Selected Writings on Proverbs by Archer Taylor (FFC 216), Helsinki 1975.

Milner, George B., What is a Proverb? in: New Society 332, 1969, 199-202.

Milner, George B., Quadripartite Structures (in Proverbs), in: Proverbium 14, 1969, 379-383.

Röhrich, Lutz, Lexikon der sprichwörtlichen Redensarten, [4]1976.

Schmarje, Susanne, Das sprichwörtliche Material in den Essais von Montaigne, Bd. I, 1973, S. 29-77.

Seiler, Friedrich, Das deutsche Sprichwort, 1918, S. 1-5.

Seiler, Friedrich, Deutsche Sprichwörterkunde, 1922; 1967, S. 1-8.

Taylor, Archer, The Proverb, Cambridge/Mass. 1931; Hatboro/Pa. 1962, S. 3-5.

Whiting, Bartlett Jere, The Nature of the Proverb, in: Harvard Studies and Notes in Philology and Literature 14, 1932, 273-307.

II. Das Sprichwort und sein Verhältnis zu anderen Spruchgattungen

Wenn schon die Definition des Sprichwortes mit manchen Schwierigkeiten verbunden ist, so ist die Unterscheidung zwischen Sprichwort und Sentenz, geflügeltem Wort, Aphorismus, Maxime, Epigramm und Slogan ebenfalls nicht leicht zu bestimmen. Für das Sprichwort gilt immer, daß es allgemein bekannt und akzeptiert sein muß, und daß seine Herkunft für den, der es anwendet, von keinerlei Bedeutung ist. Da aber auch Sentenzen, geflügelte Worte, etc. eine erhebliche Popularität erreichen können, man denke an die vielen Schillerschen Sentenzen, vermischen sich die Grenzen sehr leicht. Es ist durchaus möglich, daß eine Sentenz oder ein geflügeltes Wort zum Sprichwort werden kann. Wenn nämlich eine Sentenz so oft auftritt, daß bei ihrer Benutzung schon nicht mehr an die literarische Quelle gedacht wird, dann dürfte die Schwelle zum Sprichwort überschritten sein. Die Häufigkeit der Verwendung und somit die Popularität sind ausschlaggebend für den Übertritt dieser gnomischen Formen zum volkstümlichen Sprichwort.

Unter *Sentenz* (lat. sententia: Meinung, Gesinnung, Ausspruch) versteht man einen prägnant formulierten Satz, dessen Autor und Quelle bekannt sind. Es handelt sich um ein Zitat aus einem zusammenhängenden Text, das von allgemeiner Gültigkeit ist. Im Unterschied zum Sprichwort entspringt die Sentenz der philosophischen Betrachtung, während das Sprichwort mehr die alltäglichen Lebenssituationen widerspiegelt. Wenn der Wortlaut und Gedankengehalt einer Sentenz allgemein anspricht und oft verwendet wird, dann ist der Übergang zum Sprichwort möglich. In diesem Falle ist die Herkunft des Sprichwortes bekannt, was für den größten Teil der Sprichwörter nicht der Fall ist.

Das *geflügelte Wort* steht dem Sprichwort schon von der Definition her sehr nahe. Der Begriff ›geflügeltes Wort‹ ist eine Übersetzung von Homers »epea pteroenta«, der von *Georg Büchmann* im Jahre 1864 als Buchtitel seiner Sammlung landläufiger Zitate eingeführt worden ist. Büchmann definierte die geflügelten Worte folgendermaßen: »›Geflügelte Worte‹ nenne ich solche Worte, welche, von nachweisbaren Verfassern ausgegangen, allgemein bekannt geworden sind und allgemein wie Sprichwörter angewendet werden« (S. XV). Es handelt sich also bei geflügelten Worten wie bei Sentenzen um literarische Zitate, die aber tatsächlich im allgemeinen Gebrauch sind. Sie werden wie Sprichwörter benutzt, d. h. meistens wird an ihre belegbare Quelle nicht mehr gedacht. Somit werden die geflügelten Worte im übertragenen Sinne im alltäglichen Sprachgebrauch verwendet, und viele sind zu eigentlichen Sprichwörtern geworden. Allgemein könnte man sagen, daß die geflügelten Worte eine Mittelposition zwischen Sentenz und Sprichwort einnehmen.

Der *Aphorismus* (griech. aphorizein: abgrenzen, definieren) ist im Unterschied zur Sentenz und zum geflügelten Wort kein Zitat aus einem Text, sondern ein unabhängiger, kurzer und geistreicher Gedankensplitter (z. B. die Aphorismen von Karl Kraus). Die Originalität des Gedankens ist das ausschlaggebende Merkmal des Aphorismus. Er will also gerade nicht wie das Sprichwort eine allgemeine Erfahrung oder Lebensregel ausdrücken, sondern enthält höchst subjektive und oft polemische Urteile.

Die *Maxime* (lat. maxima, nämlich regula: höchste Regel, oberster Grundsatz) ist eine oft subjektive Lebensregel, die einen moralischen Grundsatz des Wollens und Handelns ausdrückt. Es fehlt der Maxime also die Volksläufigkeit des Sprichwortes sowie die Textgebundenheit der Sentenz. Wenn überhaupt, dann liegt eine Beziehung zwischen Maxime und Aphorismus vor.

Eine ausgesprochen literarische Gattung bildet das *Epigramm* (griech. epigramma: Inschrift, Aufschrift), das meist in zweizeiliger poetischer Form mit einem Titel einen Gedanken präzise und prägnant ausdrückt. Das Epigramm war besonders im Barock sehr beliebt (z. B. Friedrich Logau und Angelus Silesius). Nicht selten werden Sprichwörter in Epigrammen (sowie in Aphorismen) verwendet, aber dann in geschickt abgewandelter Form, die eine überraschende Schlußpointe ergibt. Was der Aphorismus in Prosa darstellt, erreicht das Epigramm als kurzes Sinngedicht, aber beide sind meistens zu individuell formuliert, um zum volksläufigen Sprichwort zu werden. Einige Epigramme sind allerdings sprichwörtlich geworden.

Zwischen dem *Slogan* (engl. Schlagwort) und dem Sprichwort gibt es enge Berührungspunkte, denn bei beiden handelt es sich um formelhafte Ausdrücke, die häufig verwendet werden. Der Slogan an sich ist eine kurze, oft wiederholte Aussage mit einer bestimmten Richtung. Er weist oft Stilmerkmale des Sprichwortes wie Alliteration, Reim, Rhythmus, etc. auf, und nicht selten liegt ihm ein Sprichwort zugrunde, das dem Werbeinteresse entsprechend abgeändert worden ist. Werbetexter greifen gern auf das vorgeprägte Baumuster eines Sprichworts zurück, da dadurch der dem Sprichwort eigene Autoritätsanspruch sowie dessen Glaubwürdigkeit auf die Werbebotschaft übertragen werden. Es kann aber auch vorkommen, daß ein besonders geglückter Slogan durch große Geläufigkeit und einen ihm innenliegenden Wahrheitsanspruch tatsächlich zu einem neuen Sprichwort wird. Im allgemeinen aber gilt, daß den

Slogan vor allem sein zweckverbundenes Sonderinteresse charakterisiert, während das Sprichwort lebensnahe Erfahrungen ausdrückt.

Literatur:
Agricola, Erhard, u. a., Die deutsche Sprache, Bd. I, 1969, S. 580-605.
Barley, Nigel, A Structural Approach to the Proverb and Maxim with Special Reference to the Anglo-Saxon Corpus, in: Proverbium 20, 1972, 737-750.
Braak, Ivo, Poetik in Stichworten, 1964; 1969.
Büchmann, Georg, Geflügelte Worte, 1864; 1972.
Gerber, Gustav, Die Sprache als Kunst, Bd. II, 1885, S. 394-438.
Grenzmann, Wilhelm, Art. »Aphorismus« in: Reallexikon der deutschen Literaturgeschichte, Bd. I, 1958, S. 94-97.
Herles, Helmut, Sprichwort und Märchenmotiv in der Werbung, in: Zeitschrift für Volkskunde 62, 1966, 67-80.
Jeromin, Rolf, Zitatenschatz der Werbung. Slogans erobern Märkte, 1969.
Jolles, André, Einfache Formen, 1930; 1965, S. 160-170.
Klotz, Volker, Slogans, in: Sprache im technischen Zeitalter 7, 1963, 538-546.
Möckelmann, Jochen und *Sönke Zander,* Form und Funktion der Werbeslogans, 1970, S. 75-86.
Mieder, Wolfgang, Sprichwort und Illustriertenwerbung, in: Sprachspiegel 30, 1974, 100-106.
Moll, Otto, Parömiologische Fachausdrücke und Definitionen, in: Proverbium 10, 1968, 249-250.
Niemeyer, Paul, Die Sentenz als poetische Ausdrucksform vorzüglich im dramatischen Stil, 1934, S. 1-23.
Petsch, Robert, »Geflügelte Worte« und Verwandtes, in: R. Petsch, Deutsche Literaturwissenschaft. Aufsätze zur Begründung der Methode, 1940, S. 230-238.
Röhrich, Lutz, Zitate und geflügelte Worte, in: L. Röhrich, Gebärde-Metapher-Parodie, 1967, S. 173-181.
Schoeps, Hans-Joachim, Ungeflügelte Worte, 1971.
Seiler, Friedrich, Das deutsche Sprichwort, 1918, S. 5-6.
Seiler, Friedrich, Deutsche Sprichwörterkunde, 1922; 1967, S. 8-18.
Stave, Joachim, Mit Schlagwörtern leben, in: J. Stave, Wörter und Leute, 1968, S. 178-194.
Stave, Joachim, Wo der Büchmann aufhört, in: J. Stave, Wörter und Leute, 1968, S. 209-231.
Taylor, Archer, The Proverb, Cambridge/Mass. 1931; Hatboro/Pa. 1962, S. 5-10 und S. 159-164.
Trencsényi-Waldapfel, I., Sprichwort oder geflügeltes Wort? in: Acta Antiqua Academiae Scientiarum Hungaricae 12, 1964, 365-371.
Wiegand, Julius, Art. »Epigramm« in: Reallexikon der deutschen Literaturgeschichte, Bd. I, 1958, S. 374-379.
Wilpert, Gero von, Sachwörterbuch der Literatur, 1955; 1964.

1. Wettersprichwort (Bauernregel)

Die sog. bäuerlichen Wetterregeln sind Zeugen einer immerwährenden und intensiven Auseinandersetzung mit Wetter und Klima. Sie setzen die Glaubensgewißheit voraus, daß das Wetter nach Gesetzmäßigkeiten abläuft, die es aufzuspüren gilt. Es ist erstaunlich, was die Bauernregeln an Erfahrung, Beobachtung und Wetterwissen zusammengetragen haben. Wind, Regen, Gewitter, Kälte, Hitze, Dauer des Sonnenscheins – all dies ist von höchster Bedeutung für jede Agrarplanung, denn trotz allem technischen Fortschritt entscheidet das Wetter noch immer über landwirtschaftlichen Erfolg oder Mißerfolg. Der Bauer weiß wohl, warum er die eine Zeit naß, die andere trocken, jene kalt und diese warm wünscht. Dabei kann ›gutes Wetter‹ in Stadt und Land etwas sehr Verschiedenes sein. Aber auch was einem Landwirtschaftszweig schadet, nützt unter Umständen dem anderen (›Regenjahr – Heujahr‹). Jede Jahreszeit hat ein optimales Wetter; trifft dies nicht ein, bedeutet es Unglück (›Januar warm, daß Gott erbarm‹). Ein zu zeitiges Frühjahr ist dem Bauern z. B. nicht willkommen (›Ein grüner März erfreut kein Bauernherz‹). Der Frühjahrsschnee wird darum immer wieder gelobt (›Aprilschnee ist Mist, Märzschnee frißt‹). Oft gelten Tiere (Hase, Wiesel, Fuchs, Murmeltier und andere Pelztiere) als Wetterpropheten. Oder das Schwärmen der Bienen wird beobachtet (›Ein Bienenschwarm im Mai ist wert ein Fuder Heu‹). Ebenso zahlreich sind Spinnen- und Ameisenregeln (›Sind die Ameisen emsig, gibt es Regen‹). Hier liegen Grenzgebiete zur zoologischen Verhaltensforschung, die überprüft, wie richtig und zutreffend diese volkstümlichen Beobachtungen sind. Alle diese Regeln bergen eine bunte Mischung von Sinn und Unsinn, Erfahrung und Wissen einerseits, traditionellem Aberwissen und Volksglaubensvorstellungen andererseits.

Nachdem der russische Forscher A. Yermoloff schon im Jahre 1905 die umfangreichste internationale Sammlung von Bauernregeln zusammengetragen hatte, hat in jüngster Zeit der Schweizer Agrarsoziologe und -historiker Albert Hauser mit Hilfe des Rundfunks Umfragen über die heutige Verwendung von Wetterregeln angestellt. Seine Sammlung und Analyse geht von einem Gegenwartsbestand an Wetterregeln aus. Er unterteilt diese in Sachgebiete und untersucht den Gehalt der Regeln in ihrer Bedeutung für die Entwicklung der Landwirtschaft. Er stellt weiter soziologische Fragen: Wer handhabt diese Regeln, wer kennt sie heute noch und wendet sie an?

Sind es Vertreter der jüngeren oder der älteren Generation? Er konfrontiert diese Regeln, die ja meist aus der vortechnischen Zeit stammen, mit den meteorologischen Erkenntnissen der Land- und Forstwirtschaft heute und scheidet dabei rationale und irrationale Begründungen. Die meisten Bauernregeln finden sich in ähnlicher Fassung auch in anderen Sprachen; manche gehören schon dem lateinischen Mittelalter an, und in einigen leben sogar antike Traditionen nach (z. B. Cato, Plinius, Vergils Georgica). Viele Wetterregeln stammen im Grunde nicht aus bäuerlicher Quelle. Kalender, Bauernpraktiken und andere Hausbücher sind wichtige Mittler. Eine nicht zu unterschätzende Rolle bei der Tradierung spielt der sog. ›hundertjährige Kalender‹, der davon ausgeht, daß das Wetter sich alle hundert Jahre exakt wiederholt. Die Internationalität der Verbreitung mag neben literarischer Übertragung aber auch darauf beruhen, daß man gleiche oder ähnliche Wetterbeobachtungen zu verschiedenen Zeiten und Orten unabhängig voneinander gemacht hat. Dem sachlichen Inhalt nach handelt es sich um Saat- und Ernteregeln, Pflanzen- und Tierzuchtregeln, Wochentagsregeln, Vollmond- und Neumond-Regeln. Ein beträchtlicher Teil knüpft an wichtige Lostage wie Peter und Paul und Mariä Lichtmeß (2. Februar) an (›Scheint an Lichtmeß die Sonne heiß, kommen noch viel Schnee und Eis‹; ›Lichtmeß – bei Tag ess'‹). Die meisten Lostagsregeln beziehen sich, und zwar in katholischen wie protestantischen Gebieten, auf die Heiligentage. Das setzt nicht den Heiligenglauben voraus, wohl aber die Kenntnis des Heiligenkalenders. Manche Bauernregeln befassen sich mit den gefürchteten Kälterückfällen im Mai, den sog. Eisheiligen (›Pankraz [12. Mai] und Servaz [13. Mai] sind böse Gäste, sie bringen oft die Maienfröste‹). Auch die Weihnachtstage und Neujahr sind sehr beliebt für die Zukunftforschung (›Christnacht hell und klar, deutet auf ein gutes Jahr‹; ›Grüne Weihnachten – weiße Ostern‹; ›Neujahrsmorgenröte macht viele Nöte‹). Die Lostagregeln folgen fast durchgängig der formalen Struktur: Wie das Wetter am Tage X, so das Wetter am Tage Y. Regeln, die das Wetter eines bestimmten Monats oder Tages mit einem späteren in Relation bringen, nennt man Korrelationsregeln (z. B. ›Verena [1. September] hübsch und schee, dri Täg dernaa Schnee‹; ›Wie das Wetter um Katharin [25. November], so wird's den ganzen Winter sin‹; ›Wie der Freitag am Schwanz, so der Sonntag ganz‹; ›Jänner weiß – Sommer heiß‹). Die meisten Bauernregeln sind auf den Ernteertrag hin gerichtet (›Mai kühl und naß – füllt Keller, Scheun' und Faß‹; ›Ein kühler Mai und naß dabei, gibt viel und gutes Heu‹). Als besonders traditionsreicher Zweig der Landwirtschaft hat der Weinbau viele Regeln geschaffen und erhalten (›Großer

Rhein – Saurer Wein‹, d. h., viele Niederschläge geben keinen guten Weinjahrgang).

Was die meteorologische Gültigkeit der Wettersprüche betrifft, so ist zunächst auffallend, daß Wetterregeln selten einander widersprechen. Viel häufiger kommt es vor, daß sie in geradezu ermüdender Eintönigkeit des Gedankens, aber unerschöpflich und mannigfaltig in der Form immer wieder dasselbe zum Ausdruck bringen. Trotz aller Mängel und Irrtümer können Bauernregeln als Ergänzung zu den meteorologischen und naturwissenschaftlichen Erkenntnissen noch immer eine Hilfe sein, weil sie nicht selten mit Intuition arbeiten und auf einer jahrhundertelangen Empirie beruhen. Weil diese Regeln häufig aber auch irrig und eben auch nicht zuverlässiger als der Wetterbericht im Radio sind, hat man sie auch parodiert in den sog. ironischen Pseudo- oder Scherzbauernregeln (›Wenn der Hahn kräht auf dem Mist, ändert sich's Wetter oder es bleibt, wie's ist‹; ›Gefriert's an Silverster in Berg und Tal, geschieht es dies Jahr zum letzten Mal‹; ›Darauf kannst du zählen zu jeder Zeit, daß es am 30. Februar nicht schneit‹).

Bei der Form der Sprüche fällt auf, daß sie fast durchgängig gereimt sind (›Schaltjahr – Kaltjahr‹; ›Ist der Winter warm, wird der Bauer arm‹; ›Märzenstaub bringt Gras und Laub‹; ›Donnert's im Mai, ist der April vorbei‹). Dennoch lassen sich hinter den Endreimen noch öfters ältere Stabreimbildungen erkennen (›Ist im *H*erbst das *W*etter *h*ell, bringt es *W*ind im *W*inter schnell‹ oder ›*K*alter *C*hristmond mit viel Schnee *b*ringt viel *K*orn auf *B*erg und Höh‹). Nur stabreimend ist: ›*L*iegt *L*ichtmeß die Katz in der Sonne, muß sie Ostern hinter den Ofen‹. Die Wetterregeln sind außerordentlich bilderreich; sie bevorzugen Konkretheit und Personifikation, insbesondere die Personifikation der Tage des Heiligenkalenders oder der Monate (›St. Gall [16. Oktober] treibt das Vieh in Stall‹; ›Wenn der Mäder [St. Medard, 8. Juni] in d'Hose brünzlet [oder: in d'Hose schißt], gits en nasse Heuet‹; ›Der März hat Kopf oder Arsch verbrannt‹, d. h.: herrscht im März mildes Frühjahrswetter, so muß man dafür mit einem späteren Kälteeinbruch rechnen). Daß Kälte an Martini warmes Wetter zu Weihnachten erwarten läßt, wird in der Bauernregel in folgendem Bild zum Ausdruck gebracht: ›Wenn die Martinigans auf dem Eise steht, das Christkindlein im Schmutze geht‹. So vieler Worte bedarf der Bauernspruch gar nicht immer, um eine Erkenntnis auszudrücken. Daß um die Zeit von Philipp und Jakob, also Anfang März, die alten Vorräte ausgehen, die neuen noch nicht geerntet sind, aber unglücklicherweise gerade dann der Hunger groß ist, weil es viel zu tun gibt, kann nicht knapper und treffender ausgedrückt werden als durch den Spruch: ›Philippi, Jakobi, viel friß i, wenig hob i‹. Regen oder Schnee sind nicht nur einfach – meteorologisch gesagt – ›Niederschläge‹, sondern Schnee ist z. B. ›ein Bettuch für den Acker‹; er wird als ›Dung‹ bezeichnet; er ist ›eine Mütze für das Haus‹ oder für den betreffenden Lostag (›Steckt Allerheiligen in der Pudelmütze, so ist St. Martin der Pelz nichts nütze‹; ähnlich: ›Hat Martin [11. November] einen weißen Bart, wird der Winter lang und hart‹). Einen Spruch wie ›Der März am Schwanz, der April ganz, der Mai neu, halten selten Treu‹ muß man sich erst durch den Kopf gehen lassen, ehe man seinen Sinn versteht, daß nämlich das Wetter von Ende März bis Anfang Mai unbeständig ist.

Literatur:

Brunt, D., Meteorology and Weather Lore, in: Folklore 57, 1946, 66-74.
Delsol, P., La météorologie populaire, Mayenne 1970.
Frick, R.-O., Le peuple et la prévision du temps, Neuchâtel 1926.
Garriott, Edward, Weather Folk-Lore and Local Weather Signs, Washington 1903; Detroit 1971.
Haldy, B., Die deutschen Bauernregeln, 1923.
Hauser, Albert, Bauernregeln. Eine schweizerische Sammlung mit Erläuterungen, Zürich u. München 1973.
Hellmann, Gustav, Über den Ursprung der volkstümlichen Wetter- und Bauernregeln, 1925.
Helm, Karl, Bauernregeln, in: Hessische Blätter für Volkskunde 38, 1939, 114-132.
Heyd, Werner, Bauernweistümer, 2 Bde., 1971 und 1973.
Kaserer, H., Bauernregeln u. Lostage in kritischer Beleuchtung, Wien 1926.
Knapp, Elisabeth, Volkstümliches in den romanischen Wetterregeln, 1939.
Meisser, Ulrich M., Tiersprichwörter und Verhaltensforschung, in: Studium Generale 22, 1969, 861-889.
Pastor, Eilert, Deutsche Volksweisheit in Wetterregeln und Bauernsprüchen, 1934.
Reinsberg-Düringsfeld, O. Freiherr v., Das Wetter im Sprichwort, 1864; 1976.
Schneider-Carius, K., Wetterkunde, Wetterforschung. Geschichte ihrer Probleme und Erkenntnisse in Dokumenten aus 3 Jahrtausenden, 1955.
Swainson, C., A Handbook of Weather Folk-Lore, being a collection of proverbial sayings in various languages relating to the weather, with explanatory and illustrative notes, London 1873; Detroit 1974.
Taylor, Archer, The Proverb, Hatboro/Pa. 1962, S. 109-121.
Wickham, P.G., The practise of weather forecasting, London 1970.
Wurtele, M. G., Some Thoughts on Weather Lore, in: Folklore 82, 1971, 292-303.
Yermoloff, Alexander, Der landwirtschaftliche Volkskalender, 1905.

2. Wellerismus (Sagwort, Beispielsprichwort)

Für den Formtypus des Sprichworts, der hier als Sonderentwicklung zu erörtern ist, gibt es zahlreiche Bezeichnungen und Begriffe: Sagwort, Sagte-Sprichwort, Beispielsprichwort, apologisches oder apologetisches Sprichwort, Anekdotenspruch, Schwankspruch, Zitatensprichwort, erweitertes oder erzählendes Sprichwort; spanisch Dialogismo paremiologico. International hat sich der Begriff ›Wellerismus‹ durchgesetzt nach Charles Dickens' Samuel Weller, der in den »Pickwick Papers« diese Sprachfiguration ständig im Munde führt. Im Regelfall besteht ein Wellerismus aus drei Teilen, dem Basis-Sprichwort (Ausspruch, Zitat etc.), dem Mittelteil, in dem der Sprecher dieses Ausspruchs eingeführt wird, und dem Schlußteil, der die Situation angibt, in der das Wort gesprochen wird. Bekannte Beispiele: ›Aller Anfang ist schwer, sagte der Dieb, da stahl er einen Amboß‹; ›Der Klügere gibt nach, sagte der Ochse, da zog er den Wagen an‹; ›Was ich nicht weiss, macht mich nicht heiss, sagte der Ochse, als er gebraten wurde‹; ›Sauer macht lustig, sagte der Bauer, da schlug er seiner Frau den Essigkrug auf dem Kopf entzwei‹. Ein Sprichwort oder eine Redensart wird also einem imaginären Subjekt in den Mund gelegt, und die Situation wird angedeutet, in der das Sprichwort angeblich gebraucht wurde *(Bausinger)*. Diese Grundform kann zu einer Kurzform schrumpfen oder auch zu Doppelformen oder Reimformen erweitert werden. Durch die Kombination mehrerer Wellerismen entstehen mitunter ganze apologische Sprichwortgeschichten. Einem Prozeß der Reduktion von Erzähltypen zu apologischen Sprichwörtern steht ein Vorgang der Entstehung von Erzählungen aus Sprichwörtern mit apologischem Charakter gegenüber *(S. Neumann)*.

Der ursprüngliche geographische Geltungsbereich des Beispielsprichworts hatte seinen Schwerpunkt in Niederdeutschland, Rheinland, Holland, Skandinavien und England. Doch ist auch in Kleinasien das Sagwort verbreitet, dagegen weisen Osteuropa und auch die romanischen Länder weit weniger Sagwörter auf. Historisch reichen sie – wenn auch nur in Einzelbeispielen – bis in die antike Literatur zurück. Mittelalterliche Belege fallen weitgehend aus. Mit Ausnahme der älteren Kompilation von *Edmund Höfer* hat man erst in neueren Sammlungen dieser Sonderform besondere Aufmerksamkeit geschenkt. Es handelt sich nicht nur um eine internationale Form, sondern auch um ein Genre, das im Unterschied zum Gebrauch des Sprichwortes nicht eine rückläufige Entwicklung genommen hat, sondern im Gegenteil sich immer größerer Beliebtheit und Verbreitung erfreut. Es gibt z. B. Zeitungen, die gelegentlich

Neubildungen von Wellerismen abdrucken. Oft wirken sie gekünstelt und intellektuell, doch manchmal werden sie auf dem Weg über die Massenmedien populär (›Zeit ist Geld, sagte der Oberkellner, da addierte er das Datum mit‹; ›Päng, sagte der Graf, denn er sprach fließend Englisch‹; ›Aha, sagte der König, und so war es denn auch‹; ›Eigener Herd ist Goldes wert, sagte der Massenmörder, da verbrannte er seine Frau im Küchenherd‹).

Der Grund für die wachsende Beliebtheit des Wellerismus liegt vermutlich in seiner komischen Wirkung. Der Wellerismus verwendet ein Sprichwort nur als Zitat eines Sprechers. Damit werden Geltungsbereich und Anspruch des Sprichworts relativiert, verfremdet, ironisiert, parodiert, umgekehrt oder gar aufgehoben. Während der Anfangsteil ein ernstes und zu beherzigendes Sprichwort bringt, das immer wieder zitiert wird, liegt die komische Wirkung in der überraschenden Wendung im Schlußteil. Der Sprecher, der das Sprichwort zitiert, tritt schon durch seine Person oder durch seine Handlung in einen komischen Konflikt zum Inhalt des Sprichwortes, so daß eine Lachwirkung erzielt wird. Oft geht es um eine allzu wörtliche Erfüllung der sprichwörtlichen Maxime im Schlußteil, und der Schluß wirkt darum deplaciert. Wellerismen sind Mini-Schwänke, deren Komik im Gegensatz von Normanspruch und Realität besteht: ›Alter geht vor, sagte Eulenspiegel (der Teufel), da warf er seine Großmutter die Treppe hinunter‹; ›Irren ist menschlich, sagte der Igel, da sprang er von der Kleiderbürste‹; ›Nun laßt uns gehn und treten, sagte der Erpel zur Ente‹; ›Ehrlichkeit währt am längsten, sagte der Bauer, weil sie am wenigsten gebraucht wird‹; ›Sterben ist mein Gewinn, sagte der Totengräber‹; ›Wie geht's, sprach der Blinde zum Lahmen, der antwortete: Wie Sie sehen‹. Die Pointe verbindet das Genre mit Schwank und Witz; das Beispielsprichwort ist die kürzeste Kurzgeschichte.

Winfried Hofmann untersuchte die Funktion der Sagwörter und stellte fest (S. 190): Oft übt das Sagwort scharfe oder spöttische Kritik oder setzt herab; es dient ebenso als abschlägige Antwort, als scherzhafte Aufmunterung oder als Ausdruck der Überraschung und Ratlosigkeit, der Bescheidung, Ergebenheit, Geduld und Hoffnung. Aufschlüsse über die Gebrauchsfunktion von Wellerismen gibt am ehesten eine Statistik der darin auftretenden Sprecher und Akteure. Besonders häufig sind Abt, Nonne, Pfarrer, Bauer, Teufel, die Schwankfigur Eulenspiegels oder auch Tiere. An Ermahnungen der Predigt knüpfen häufig niederdeutsche Beispielsprichwörter an, in denen als Sprecher der Pastor fungiert (›Dat Fleesk mott man krüzigen, segg de Pastor, dao lagg he Schinken un Braoden twiärs up't Buoteram‹; ›Stiärwen is mien Gewinn, segg de Pastor, un mien

Schaden is't auch nich, segg de Köster‹). Auch wenn Charles Dik-
kens den Wellerismus literaturfähig gemacht hat, so kommt er be-
merkenswert häufig in deutschen Dichtungen vor, insbesondere in
niederdeutschen Mundartdichtungen, z. B. bei *Fritz Reuter* und
John Brinckmann. Die literarische Verwendung reicht von *Lichten-
berg* bis zu *Erich Kästner* (›Ordnung muß sein, sagte Onkel Karl,
und schmiß auch den letzten Teller an die Wand‹) oder zu *Bert
Brecht* (›Schäm dich, untreu zu sein, sagte die Frau zum Knecht, der
bei der Magd lag‹; ›Das ist eine Versuchung, sagte der Dorfprediger
und erlag ihr‹; ›Komm, geh mit angeln, sagte der Fischer zum
Wurm‹).

Literatur:

Bartels, Paul, Das apologische Sprichwort im Niederdeutschen und Däni-
schen, in: Niederdeutsche Zeitschrift für Volkskunde 8, 1930, 223-250.
Bausinger, Hermann, Formen der ›Volkspoesie‹ (Grundlagen der Germani-
stik 6) 1968, S. 103-106.
Cirese, Alberto, Wellérismes et micro-récits, in: Proverbium 14, 1969,
384-390.
Cray, Ed, Wellerisms in Riddle Form, in: Western Folklore 23, 1964,
114-116.
Dundes, Alan, Some Yoruba Wellerisms, Dialogue Proverbs, and Tongue-
Twisters, in: Folklore 75, 1964, 113-120.
Gennep, Arnold van, Wellérismes français, in: Mercure de France 248 (Paris
1933), 700-704, sowie ebd. 253 (Paris 1934), 209-215.
Hain, Mathilde, Sprichwort und Rätsel, in: Deutsche Philologie im Aufriß
Bd. III, 1957, Sp. 1903-1928, bes. Sp. 1915-1917 ›Das Beispielsprich-
wort‹.
Höfer, Albert, Über Apologische oder Beispiels-Sprichwörter im Nieder-
deutschen, in: Germania 6, Berlin 1844, 95-106.
Höfer, Edmund, Wie das Volk spricht, 9. Aufl. 1885.
Hofmann, Winfried, Das rheinische Sagwort (Quellen und Studien zur
Volkskunde 2), 1959.
Järviö-Nieminen, Iris, Suomalaiset sanomukset (Finnische Wellerismen),
Helsinki 1959.
Kruyskamp, C. Allemaal Mensen. Apologische Spreekwoorden, 3. Aufl.
S'Gravenhage 1965.
Kunze, Horst (Hrsg.), Spaß muß sein! Eine Blütenlese von alten und neuen
Beispielsprichwörtern, 1972.
Loomis, Grant C., Traditional American Word Play: Wellerisms or Yankee-
isms, in: Western Folklore 8, 1949, 1-21.
Loukatos, Démétrios, ›Citations proverbiales‹ plutôt quw ›wellérismes la-
tents‹, in: Proverbium 20, 1972, 759.
Loukatos, Démétrios, Wellérismes ›latents‹, in: Proverbium 9, 1967,
193-196.

13

Neumann, Siegfried, Das Sagwort in Mecklenburg um die Mitte des 19. Jh. im Spiegel der Mundartdichtungen Reuters und Brinckmanns, in: Deutsches Jahrbuch für Volkskunde 12, 1966, 49-66.

Neumann Siegfried, Aspekte der Wellerismen-Forschung, in: Proverbium 6, 1966, 131-137.

Neumann, Siegfried, Sagwörter im Schwank – Schwankstoffe im Sagwort, in: Volksüberlieferung. Festschrift für Kurt Ranke, 1968, S. 249-266.

Neumann, Siegfried, Sagwort und Schwank, in: Letopis. Reihe C 11/12, 1968/69, 147-158.

Röhrich, Lutz, Sprichwörtliche Redensarten aus Volkserzählungen, in: Volk, Sprache, Dichtung. Festgabe für Kurt Wagner, 1960, S. 247-275.

Röhrich, Lutz, Gebärde, Metapher, Parodie, 1967, S. 192-195.

Seiler, Friedrich, Das deutsche Sagwort und anderes (= Bd. 4 von *F. Seiler,* Das deutsche Lehnsprichwort und gleichzeitig Bd. 8 seines großen Werkes über Die Entwicklung der deutschen Kultur im Spiegel des deutschen Lehnworts), 1924.

Singer, Samuel, Schweizerische Sagsprichwörter, in: Schweizerisches Archiv für Volkskunde 38, 1940, 129-139 und 39, 1941/42, 137-139.

Speroni, Charles, The Italian Wellerism to the End of the 17th Century (Folklore Studies 1), Berkeley and Los Angeles 1953.

Taylor, Archer, The Proverb, Cambridge/Mass. 1931; Hatboro/Pa. 1962, S. 200-219.

Taylor, Archer, A Bibliographical Note on Wellerisms, in: Journal of American Folklore 65, 1952, 420-421.

Taylor, Archer, The Use of Proper Names in Wellerisms and Folk Tales, in: Western Folklore 18, 1959, 287-293.

Taylor, Archer, Wellerisms and Riddles, in: Western Folklore 19, 1960, 55-56.

Whiting, Bartlett Jere, American Wellerisms of the Golden Age, in: American Speech 20, 1945, 3-11.

1. Einfache und sprichwörtliche Redensarten

Die Unterschiede von ›Sprichwort‹ und ›sprichwörtlicher Redensart‹ bestehen vor allem in Form, Struktur und Funktion. Ein Sprichwort hat die Form eines abgeschlossenen Satzes in fester und unveränderlicher Formulierung (z. B. ›Hunger ist der beste Koch.‹ – ›Wer lang hustet, wird alt.‹ – ›Man wird so alt wie 'ne Kuh und lernt immer noch dazu.‹). Eine sprichwörtliche Redensart dagegen ist ein verbaler Ausdruck, wie z. B. ›für jemand die Kastanien aus dem Feuer holen‹ – ›einen ins Bockshorn jagen‹ – ›einem ein X für ein U vormachen‹ – ›einem den Daumen drücken‹. Diese sprichwörtlichen Redensarten müssen erst in einen Satz eingefügt werden, um eine feste Aussage zu ergeben; als verbale Ausdrücke sind sie veränderlich nach Zeit und Person: Wer drückt wem, wann, wofür den Daumen? Alles dies muß erst formuliert werden. In diesem Sinn sind die sprichwörtlichen Redensarten noch ungeformter sprachlicher Rohstoff.

Der Begriff ›sprichwörtliche Redensart‹ ist weitgehend synonym mit dem Begriff der ›idiomatischen Redewendung‹, den *Wolf Friederich* folgendermaßen definiert: Idiomatische Redewendungen sind solche Wendungen, deren Sinn ein anderer ist als die Summe der Einzelbedeutungen der Wörter [...], z. B. ›etwas durch den Kakao ziehen‹ hat weder mit ›Kakao‹ noch mit ›ziehen‹ das geringste zu tun. Es ist deutlich, daß Wendungen wie ›die Katze im Sack kaufen‹, ›etwas für bare Münze nehmen‹, ›eine harte Nuß knacken‹, ›ans Ruder kommen‹, ›ins Garn gehen‹, ›durch die Bank‹, ›von echtem Schrot und Korn‹ mit den genannten Dingen (Katze, Sack, Münze, Nuß, Ruder, Garn, Bank, Schrot, Korn) heute nichts mehr zu tun haben und darum idiomatisch sind. Alle diese sprachlichen Bilder haben ihre ehemalige Wirklichkeit eingebüßt, ihre wörtliche Bedeutung ist verlorengegangen.

Der Begriff ›Wendung‹ meint ganz allgemein eine häufig auftretende Wortgruppe, die aus Verb und Objekt, Adjektiv und Substantiv, Präposition und Substantiv oder ähnlichen Verbindungen besteht. Entbehrt ein redensartlicher Ausdruck des sprichwörtlichen Bildes, so spricht man gewöhnlich nur von ›Redensarten‹. Dabei ist der Begriff ›sprichwörtliche Redensart‹ von dem der einfachen Redensart abgeleitet. Beide Bezeichnungen kommen im 17. Jh. auf: ›Redensart‹ als Lehnübersetzung von frz. ›façon de parler‹ erstmalig bei Joh. Arndt »Vom wahren Christentum« (Frankfurt a. M. 1605). Der Terminus ›sprichwörtliche Redensart‹ findet sich zuerst 1683 in

Justus Georg Schottels »Ausführlicher Arbeit von der Teutschen Hauptsprache« (S. 1102 ff.). Beides ist nicht das gleiche, d.h. nicht jede Redensart oder ›stehende Wendung‹ kann man schon als ›sprichwörtlich‹ bezeichnen. ›Einfache Redensarten‹ oder bloß metaphorische Redewendungen sind zunächst einmal schwächer, blässer, weniger bildhaft und farbkräftig, etwa ›etwas über den Haufen werfen‹, ›auf die schiefe Bahn geraten‹, ›sich etwas zu Herzen nehmen‹, ›auf dem Gipfel des Glücks stehen‹. Dies sind einfache Gebrauchsmetaphern. ›Mit den Achseln zucken‹ ist z. B. nur eine gewöhnliche Redensart, die keiner Erklärung bedarf. Als Gebärde des Zweifels, der Gleichgültigkeit wird sie allgemein geübt, und sie ist oft konkret so gemeint wie ausgesprochen. Anders aber etwa die Redensarten ›etwas auf die leichte Achsel nehmen‹ (= es für unbedeutend ansehen und deshalb vernachlässigen) oder gar ›auf beiden Achseln tragen‹ (= es mit beiden Parteien halten). Diese Redensarten werden meist nur noch bildlich verwendet, ohne daß der Sprechende beim Gebrauch dieser Redensarten noch die Vorstellung einer Achsel haben muß. Sie dürfen darum als sprichwörtlich betrachtet werden.

Natürlich könnte man, etwa durch die Einkleidung in einen formelhaften Rahmen oder in einen imperativischen Lehrsatz, auch Redensarten das Gewand eines Sprichwortes geben, etwa: ›Man soll niemand ins Bockshorn jagen.‹ – ›Man darf keinem ein X für ein U vormachen.‹ – ›Hole nie für einen anderen die Kastanien aus dem Feuer.‹ – ›Daumendrücken schadet nie.‹ Aber solche künstlichen Sentenzen wären noch lange keine Sprichwörter; sie haben in diesem Wortlaut keine feste Tradition. Sprichwörtern gegenüber weisen sprichwörtliche Redensarten keine feste Prägung auf; sie sind in ihrer Tendenz beliebig einsetzbar; sie sind wertfrei. Die offene Form des verbalen Ausdrucks bringt es mit sich, daß sprichwörtliche Redensarten auch keinen festen Inhalt und schon gar keine lehrhafte oder ethische Tendenz haben können. Sie bieten keine ›Spruchweisheit‹. Erst dadurch, daß sie zu Sätzen vervollständigt werden, bekommen sie einen Inhalt.

Es gibt allerdings auch einige Redensarten, die eine feste Form haben, starre phraseologische Verbindungen, die zwar einen Satz für sich bilden, ohne daß man sie deshalb schon zu den Sprichwörtern zählen dürfte. Dazu gehören Ausrufe wie z. B. ›Das geht auf keine Kuhhaut!‹ – ›Das geht über die Hutschnur!‹ – ›Das ist gehupft wie gesprungen!‹ – ›Viel Geschrei und wenig Wolle!‹ – ›Hals- und Beinbruch!‹ – ›Ja, Kuchen!‹ – ›Schwamm drüber!‹ Auch andere Wendungen kommen praktisch nur in ganz bestimmten Sätzen vor, obwohl ein Satz natürlich strenggenommen keine sprichwörtliche Wendung ist, z. B. ›Es ist höchste Eisenbahn!‹ – ›Da hast du die Bescherung!‹ – ›Jetzt ist Sense!‹ – ›Du ahnst es nicht!‹ Aber auch diese feststehenden und abgeschlossenen sprichwörtlichen Formeln, wie man sie vielleicht bezeichnen kann, haben keinen Eigenwert, stellen keine selbständige Aussage dar, sondern müssen sich auf etwas zuvor Gesagtes beziehen.

Die an sich klaren Unterschiede der Form schließen jedoch nicht aus, daß es Übergänge von Sprichwörtern zu Redensarten und umgekehrt gibt, und nicht immer ist eine scharfe Grenzziehung möglich. Es gibt z. B. das Sprichwort ›Durch Schaden wird man klug‹. Aber man kann natürlich auch redensartlich sagen: ›Er ist durch Schaden klug geworden‹. Es ist ebensogut möglich, im Sprichwort zu sagen: ›Mit großen Herren ist nicht gut Kirschen essen‹ wie in redensartlicher Anwendung: ›Mit Herrn X. ist nicht gut Kirschen essen‹. Ein bekanntes Sprichwort heißt: ›Gebranntes Kind scheut das Feuer‹. Aber Bert Brecht läßt z. B. seine Mutter Courage redensartlich sagen: ›Ich bin ein gebranntes Kind‹. Ganz frei gestaltete auch Goethe Redensarten zu sprichwörtlicher Weisheit um: ›Wer sich nicht nach der Decke streckt, dem bleiben die Füße unbedeckt.‹ Die Grenzen zwischen Sprichwort und sprichwörtlicher Redensart werden in dem Augenblick fließend, wo Sprichwörter bzw. Redensarten in einen dichterischen Text eingeflochten werden. Doch sind diese Fälle im Grunde Ausnahmen. Abgesehen von einer recht schmalen Randzone der Übergänge sind sprichwörtliche Redensarten doch durchaus eigenständige Gebilde. Sie stehen von Anfang an neben den Sprichwörtern und haben mit diesen nicht zu viele Berührungspunkte; d. h. nur in relativ wenigen Fällen gibt es für eine sprichwörtliche Redensart auch ein paralleles Sprichwort.

Mit dem Sprichwort gemeinsam aber hat die sprichwörtliche Redensart das sprechende, kräftige und einprägsame Bild, das ebenso wie das Sprichwort in seinem Wortlaut traditionell festgefügt ist. Es heißt ›Maulaffen feilhalten‹, nicht etwa ›Maulaffen verkaufen‹. Es heißt ›ins Bockshorn jagen‹, nicht ›ins Bockshorn treiben‹ – so jedenfalls nach unserem heutigen Sprachgebrauch und -gefühl. Das ›Sprichwörtliche‹ einer Redensart liegt darin, daß sie in ihrem Wortlaut relativ konstant ist. Redensarten sind ›patterned speech‹. Man spricht deshalb auch von ›stehenden Redensarten‹. Die Redensart ist ein Bildwort in überlieferter Ausdrucksform. Ein Problem, das freilich noch nicht näher untersucht worden ist, ist die Formbeständigkeit bzw. Wandlungsfähigkeit sprichwörtlicher Redensarten, die Frage der Ablösung einer sprichwörtlichen Formulierung durch andere und neuere. Zur Geschichte einer sprichwörtlichen Redensart gehört jedenfalls mehr als nur der Nachweis ihres Herkommens. Es muß vielmehr untersucht werden, wann sie ihre heutige feststehende Form erhalten hat. Das ›Kerbholz‹ beispielsweise kennt unser Redensartenschatz ausschließlich in dieser einen Form: ›etwas auf dem Kerbholz haben‹. In der Sprache des 16. Jhs. gab es aber daneben die Formulierung ›an ein Kerbholz reden‹, d. h. etwas versprechen, ohne ernstlich an die Erfüllung zu denken, blind darauf losreden. Die Variabilität der Fassung einer Redensart war früher z. T. sehr viel größer als heute. Wir können bei bestimmten Redensarten geradezu verfolgen, wie sie von variablen Formen schließlich zu einer festen Form übergegangen und so für den allgemeinen Sprachgebrauch erstarrt sind.

Die einfachsten formalen Redensartenschemata sind die sog. Zwillingsformeln, Wortpaare in starren phraseologischen Verbindungen, die durch Stabreim oder Endreim gebunden sind. Sie haben meist eine rhythmische oder klangliche Bindung, die eine fast unveränderbare Reihenfolge der Glieder bewirkt, z. B. ›in Bausch und Bogen‹ – ›verraten und verkauft‹ – ›in Hülle und Fülle‹ – ›in Saus und Braus‹ – ›Knall auf Fall‹ – ›klipp und klar‹ – ›kreuz und quer‹ – ›auf Biegen und Brechen‹ – ›auf Gedeih und Verderb‹ – ›Hab und Gut‹. Zwillingsformeln sind, falls sie ungleich lange Wörter enthalten, nach dem Gesetz der wachsenden Glieder geordnet, d. h. zuerst steht das kürzere, dann das längere Wort, z. B. ›Roß und Reiter‹ – ›Lust und Liebe‹ – ›Nacht und Nebel‹ – ›nie und nimmer‹ – ›tun und lassen‹. Auch steht gewöhnlich das Wichtigere oder Wertvollere voran: ›Mensch und Tier‹ – ›Sonne und Mond‹. Beliebt als Mittel zur Verstärkung ist auch die Wiederholung des gleichen Wortes, z. B. in den redensartlichen Formeln ›Schlag auf Schlag‹ – ›Wurst wider Wurst‹. Selbst heutige literarische oder politische Prägungen verlaufen noch nach dem Wortpaarschema der älteren Zwillingsformeln, z. B. ›Soll und Haben‹ – ›Schuld und Sühne‹ - ›Ost und West‹ – ›Frieden und Freundschaft‹.

So wie immer neue Zwillingsformeln oder auch redensartliche Vergleiche nach derselben formalen Struktur entstehen, werden auch sonst neue Redensarten nach dem typischen Form-Modell älterer Redensarten geprägt, die dann immer wieder abgewandelt und variiert werden. Zu der sprichwörtlichen Redensart ›viel Geschrei und wenig Wolle‹ gehören z. B. als Parallelformen ›viel Geschrei und wenig Milch‹ oder ›viel Geschrei und wenig Ei‹.

Eine besonders reiche Variantenbildung hat etwa auch die Redensart ›Es geht mir ein Licht auf‹. Daran hat sich angeschlossen ›mir geht ein Seifensieder auf‹ (weil der Seifensieder gleichzeitig auch Kerzen herstellte) – ›mir geht eine Kerzenfabrik auf‹ – ›eine Gasfabrik‹ – ›mir geht eine Petroleumlampe auf‹ – ›eine Stallaterne‹ usw. Ähnliche häufige Variationen bildete ›mit dem

Zaunpfahl winken‹, wofür man z. B. auch ›mit dem Laternenpfahl‹ oder ›Scheunentor winken‹ hören kann.

Solche Variantenbildungen sind z. T. oikotypisch, regional oder nach verschiedenen Sprachbereichen differenziert. Der deutschen Redensart ›zwei Fliegen mit einer Klappe schlagen‹ entspricht englisch ›to kill two birds with one stone‹ (zwei Vögel mit einem Stein töten); italienisch ›prendere due colombi con una fava‹ (zwei Tauben mit einer Bohne fangen) und schon lateinisch ›duo parietes de eadem fidelia dealbare‹ (zwei Wände aus demselben Tünchgefäß weißen).

Gibt es einerseits die Neigung der sprichwörtlichen Redensart zur Ausschmückung und zur Variantenbildung bis zur parodierenden Umbildung, so steht auf der anderen Seite die Tendenz zur Verkürzung. Manche Redensarten sind durch Verkürzung aus sprachlich längeren Wendungen entstanden, so z. B. ›einem eins auswischen‹ aus ursprünglich ›einem ein Auge auswischen‹. Ähnlich ›einem etwas anhängen‹ aus ›einem ein Schandzeichen anhängen‹. Wieder andere sprichwörtliche Redensarten sind die Kurzformen von längeren Sprüchen und Vierzeilern, die sich immer mehr auf eine Zeile reduzierten, z. B. ›mit ihm ist nicht gut Kirschen essen‹ aus ›mit großen Herren ist nicht gut Kirschen essen; sie spucken einem die Steine ins Gesicht‹. Je bekannter Sprichwort und Redensart durch häufige Anwendung und vielfachen Gebrauch werden – und Sprichwort bedeutet ja dem Wortsinn nach ›vielgesprochenes Wort‹–, desto mehr neigen sie zur Verkürzung, desto mehr genügt die bloße Andeutung. Nur so erklären sich die häufigen Reduktionen zu Kümmerformen und Schwundstufen.

Über den eigentlichen Gebrauchsbeginn, die Entstehung oder Geburt sozusagen einer sprichwörtlichen Redensart wissen wir so gut wie in keinem Fall Bescheid. Wenn wir von einer Wendung sagen, sie sei ›sprichwörtlich‹, ist sie ja bereits Kollektivgut und hat dann meist schon einen mehr oder weniger langen Gebrauch hinter sich. Vermutlich sind aber sprichwörtliche Redensarten zunächst vielfach nur Augenblicksbildungen, die dann wegen ihrer treffenden Formulierung Anklang fanden und weiterhin gebraucht wurden. Im allgemeinen ist der erste Urheber einer sprichwörtlichen Redensart ebenso unbekannt wie der eines Volksliedes oder eines Märchens.

Zu allen Zeiten war die Bibel eine unerschöpfliche Quelle. Daß biblische Zitate zu frei verfügbaren Redensarten geworden sind, liegt weitgehend an der bewußt volkstümlichen Art, in der Luther die Bibel eindeutschte. Biblischen Ursprungs sind z. B. ›im siebten Himmel sein‹ – ›sein Licht unter den Scheffel stellen‹ – ›die Spreu vom Weizen sondern‹ – ›einem das Maul stopfen‹ – ›das Herz ausschütten‹ – ›einem das Leben sauer machen‹. In jedem einzelnen Fall stellt sich freilich die genetische Frage, was schon im hebräischen und griechischen Urtext bzw. in den lateinischen Übertragungen stand, was sozusagen schon vor der Eindeutschung bildhafter Ausdruck war, wieweit Luther redensartenschöpferisch gewirkt oder wieweit er bereits vorhandene parömiologische Wendungen für die Bibelübersetzung benutzt hat.

Viele sprichwörtliche Redensarten sind nicht erklärbar. Sie sind so phantastisch, daß sie keinen Wirklichkeitshintergrund zu haben scheinen, und sie haben offenbar ihre Entstehung der bloßen Freude am kräftig surrealen Sprachbild, der Lust am Paradoxen zu verdanken, wie z. B. ›das Kind mit dem Bade ausschütten‹ – ›einem Honig ums Maul schmieren‹ – ›einen Besen fressen‹ – ›das Gras wachsen hören‹ – ›große Rosinen im Kopf haben‹ – ›es ist ihm eine Laus über die Leber gelaufen‹ – ›leben wie Gott in Frankreich‹ – ›Krokodilstränen vergießen‹. Andere haben einen bestimmbaren kulturgeschichtlichen Hintergrund, auf den wir weiter unten noch zu sprechen kommen werden. Vielfach verläuft die sprachgeschichtliche Entwicklung so, daß sich eine Redensart immer mehr vom Realbereich entfernt. Eine gewisse Erklärungsbedürftigkeit ist darum ein Kennzeichen der Gattung. Wenn eine Redewendung neben ihrem eigentlichen und wörtlichen Sinn noch eine übertragen-bildliche Bedeutung hat und wenn gar ihre heutige Gebrauchsfunktion sich soweit von der primären Bedeutung der Einzelwörter entfernt hat, daß der ursprüngliche Sinn gar nicht oder kaum mehr empfunden wird, dann bezeichnen wir sie eben als ›sprichwörtliche Redensart‹. ›Am Hungertuch nagen‹ – ›in die Tretmühle kommen‹ – ›etwas auf dem Kerbholz haben‹ – ›Maulaffen feilhalten‹ sind z. B. solche erklärungsbedürftigen sprichwörtlichen Redensarten, die einen durchaus nachweisbaren Realsinn gehabt haben, die aber heutzutage nur noch bildlich verstanden werden. Ja sogar der ursprüngliche Sinn der Einzelwörter ist meist unverständlich geworden, weil er zu weit in das vortechnische Zeitalter zurückreicht, als daß wir heute noch wüßten, was Kerbhölzer, Tretmühlen, Maulaffen, Hungertücher und dgl. dereinst waren und bedeuteten. Alle unsere sprichwörtlichen Redensarten sind Überbleibsel, ›Survivals‹, insofern als sie Elemente einer geistigen oder materiellen Kultur sind, die in früheren Zeiten einen anderen Sinn und eine andere Funktion gehabt haben als heute. Der Charakter als ›Survival‹ macht sie überhaupt erst zu sprichwörtlichen Redensarten. Es ist immer zu unterscheiden zwischen dem Alter einer Redensart als solcher, d. h. ihrem bildlichen und nicht mehr auf die reale Sphäre bezogenen Sprachgebrauch und dem ursprünglichen Realsinn der Einzelworte. Beide Termine können u. U. zeitlich weit auseinanderfallen.

In der Erklärung sprichwörtlicher Redensarten ist oft recht phantastisch drauf los fabuliert worden, ohne daß man sich immer den Kopf zerbrochen hat, ob ein angenommener Bedeutungswandel auch psychologisch wahrscheinlich und geschichtlich begründet sein könnte. Auf kaum einem anderen Gebiet der sprachlichen Volksüberlieferung gibt es so viele dilettantische Versuche. Die Zahl neuerer populärer Redensartenbücher geht in die Dutzende, oft in humoristischer Form und gewürzt mit Anekdoten. Fast jedes Jahr bringt neue Redensartenbücher hervor. Sie sind meist dilettantisch. Im Grunde müßte zu jeder Redensart eine Monographie vorgelegt werden. Ganz einsam steht noch immer die ›Weltgeschichte einer Redensart‹ des finnischen Gelehrten *Matti Kuusi,* der weltweit jene Redensarten untersucht hat, mit denen man die meteorologische Erscheinung ›Regen bei Sonnenschein‹ bildlich umschreibt. Viele Redensarten sind nach wie vor in ihrer Entstehung rätselhaft und werden es vermutlich auch bleiben.

Die Erklärung unseres Redensartenschatzes ist jedenfalls keineswegs etwas Abgeschlossenes, sondern bedarf unablässig weiterer Forschung. Weniger als an phantasievollen Deutungsversuchen ist dabei an der systematischen Erschließung älterer literarischer Quellen und an der Auffindung von Frühbelegen für einzelne Redensarten gelegen.

Literatur:

Agricola, Erhard (Hrsg.), Die deutsche Sprache, 1969, Bd. 1, S. 580-605.

Agricola, Erhard (Hrsg.), Lexikon der Wörter und Wendungen, 1976.

Borchardt, Wilhelm, Wustmann, Gustav und *Schoppe, Georg,* Die sprichwörtlichen Redensarten im deutschen Volksmund, 7. Aufl. neu bearb. v. Alfred Schirmer, 1954.

Burger, Harald, Idiomatik des Deutschen, 1973.

Dilcher, Gerhard, Paarformeln in der Rechtssprache des frühen MAs, 1961.

Dittrich, Hans, Redensarten auf der Goldwaage, 1970.

Friederich, Wolf, Moderne deutsche Idiomatik. Systematisches Wörterbuch mit Definitionen und Beispielen, 1966.

Fröhlich, Armin, Problematik der Redensarten, in: Muttersprache 73, 1963, 373-375.

Göhring, Ludwig, Volkstümliche Redensarten und Ausdrücke, 1937.

Gottschalk, Walter, Die sprichwörtlichen Redensarten der französischen Sprache, 1930.

Greimas, A.-J., Idiotismes, proverbes, dictons, in: Cahiers de Lexicologie 2, 1960, 41-61.

Grober-Glück, Gerda, Motive und Motivationen in Redensarten und Meinungen [...] (Atlas der Dt. Vkde. N.F., Beiheft 3), 2 Bde., 1974.

Heinze, Theodor, Die Alliteration im Munde des deutschen Volkes, 1882.

Klappenbach, Ruth, Feste Verbindungen in der deutschen Gegenwartssprache, in: Beiträge zur Geschichte der deutschen Sprache und Literatur 82 (Halle 1961, Sonderheft), 443-457.

Koller, Werner, Intra- und interlinguale Aspekte idiomatischer Redensarten, in: Skandinavistik, 1974, 1-24.

Krack, Karl Erich, 1000 Redensarten unter die Lupe genommen (Fischer Bücherei 965), 1965.

Krüger-Lorenzen, Kurt, Das geht auf keine Kuhhaut, 1960.

Krüger-Lorenzen, Kurt, ... aus der Pistole geschossen, 1966.

Krüger-Lorenzen, Kurt, Der lachende Dritte, 1973.

Kuusi, Anna-Leena, An Approach to Categorization of Phrases, Proverbium 23, 1974, 895-904.

Kuusi, Anna-Leena, On Factors Promoting Phrase Formation, in: Proverbium 21, 1973, 776-782.

Kuusi, Matti, Regen bei Sonnenschein. Zur Weltgeschichte einer Redensart (FFC 171), Helsinki 1957.

Matzinger-Pfister, R., Paarformel, Synonymik und zweisprachiges Wortpaar. Zur mehrgliedrigen Ausdrucksweise der mittelalterlichen Urkundensprache, Zürich 1972.

Pützfeld, Karl, Jetzt schlägt's dreizehn. 1000 Redensarten und ihre Bedeutung, 1937.

Rahn, Fritz, Die Redensart – ein Kapitel Sprachkunde, in: Deutschunterricht 1, 1948-1949, 22-38.

Richter, Albert, Deutsche Redensarten, sprachlich und kulturgeschichtlich erläutert, Leipzig 1889, 5. Aufl. hrsg. v. O. Weise, 1930.

Riesel, Elise, Stilistik der deutschen Sprache, Moskau 1959.

Röhrich, Lutz, Lexikon der sprichwörtlichen Redensarten, 2 Bde., [4]1976.

Schmidt, Leopold, Sprichwörtliche deutsche Redensarten, in: Österreichische Zeitschrift für Volkskunde 77, 1974, 81-130.

Schmidt-Hidding, Wolfgang, Das Verhältnis von Idiomatik und Grammatik, in: Deutschunterricht 9, Heft 3, 1957, 43–58.

Schmidt-Hidding, Wolfgang, Sprichwörtliche Redensarten. Abgrenzung – Aufgaben der Forschung, in: Rhein. Jahrb. f. Vkde. 7, 1956, 95–144.

Schrader, Herman, Der Bilderschmuck der deutschen Sprache in Tausenden volkstümlicher Redensarten, 7. Aufl. 1912.

Schulz, Dora und *Griesbach, Heinz,* 1000 idiomatische Redensarten Deutsch, 1961.

Schulze, C., Die sprichwörtlichen Formeln der deutschen Sprache, in: Archiv für das Studium der neueren Sprachen und Lit. 48, 1871, 435–450.

Seiler, Friedrich, Das deutsche Sprichwort, 1918, S. 64–69.

Seiler, Friedrich, Deutsche Sprichwörterkunde, 1922; 1967, S. 231–285.

Spitzer, Leo, Singen und Sagen – Schorlemorle (Zwillingsformeln), in: *L. Spitzer,* Stilstudien, 1928, Bd. 1, S. 85–100.

Stoett, Frederick August, Nederlandse Spreekwoorden, Spreekwijzen, Uitdrukkingen en Gezegden, 2 Bde., 4. Aufl. Zutphen 1923–25, 8. Aufl. 1953 hrg. v. C. Kruyskamp.

Taylor, Archer, The Proverb, Cambridge/Mass. 1931, – Hatboro/Pa. 1962, S. 184–200.

2. Sprichwörtliche Vergleiche

Zu den einfachen Formen und Strukturen redensartlicher Aussage gehören auch die sprichwörtlichen oder redensartlichen Vergleiche vom Typ ›arm wie eine Kirchenmaus‹ - ›hungrig wie ein Wolf‹ – ›dumm wie Bohnenstroh‹ – ›frech wie Oskar‹ – ›zittern wie Espenlaub‹ – ›aufgeputzt wie ein Pfingstochse‹ – ›wie sauer Bier anbieten‹ – ›auffahren wie von der Tarantel gestochen‹ – ›schlafen wie ein Murmeltier‹. Formal-strukturell kann man bestimmte Typen des Vergleichs unterscheiden:

1. *Substantivvergleiche* (relativ selten); z. B. ›ein Unterschied wie Tag und Nacht‹ – ›Zustände wie im alten Rom‹; 2. *Adjektivvergleiche*; z. B. ›stur wie ein Bock‹ – ›pünktlich wie die Maurer‹; 3. *Verbvergleiche* (sie überwiegen bei weitem); z. B. ›reden wie ein Wasserfall‹ – ›wie Butter an der Sonne vergehen‹ – ›ausgehen wie's Hornberger Schießen‹; 4. *Verkürzte Vergleiche* (deren Vergleichsbasis vermutlich geschwunden ist; sie bleiben nicht mehr auf ein einziges Syntagma beschränkt und können mit mehreren Wortarten verbunden werden); z. B. ›wie Sand am Meer‹ – ›wie Heringe in der Tonne‹; 5. *Vergleiche mit und ohne Vergleichspartikel*; z. B. ›(wie) auf dem Pulverfaß sitzen‹ – ›(wie) mit Brettern vernagelt‹; 6. *Asyndetische Vergleiche*; z. B. ›klapperdürr‹ – ›stockdumm‹. In manchen Fällen gibt es reduzierte und erweiterte Form nebeneinander; z. B. ›federleicht‹ (leicht wie eine Feder) – ›bärenstark‹ (stark wie ein Bär) – ›pechschwarz‹ (schwarz wie Pech).

Manche dieser redensartlichen Vergleiche wie z. B. die stehenden Farbvergleiche ›rot wie Blut‹ – ›weiß wie Schnee‹ – ›grün wie Gras‹ – ›schwarz wie ein Rabe‹ (Kohle, Ebenholz) können durch viele Jahrhunderte zurückverfolgt werden. Während es für einen Begriff im allgemeinen nur ein traditionell-fixes Vergleichswort gibt, häufen sie sich bei einigen Basiswörtern, wie z. B. bei ›aussehen wie [...]‹ oder ›dastehen wie [...]‹ (z. B. ›er steht da wie der Ochs vor dem Berg‹, ›wie geliehen‹, ›wie die Gans wenn's donnert‹, ›wie ein Napfkuchen ohne Loch‹, ›wie ein begossener Pudel‹, ›wie aus dem Ei gepellt‹, ›wie das Leiden Christi‹, usw.). Redensartliche Vergleiche neigen zur Variationenbildung, vielleicht weil sie sich rasch abnützen; z. T. sind die Variationen auch geographisch, regional unterschieden. So heißt es z. B. je nach Landschaft: ›Lügen, daß sich die Balken biegen‹ – ›wie ein Lügenmeister‹ – ›wie eine Leichenrede‹ – ›wie geschmiert‹ – ›wie gedruckt‹ – ›wie ein Buch‹ – ›wie telegraphiert‹ – ›wie Münchhausen‹ – ›wie der Wetterdienst‹. Die sprichwörtlichen Vergleiche sind sprachlich und oikotypisch gebunden. Unserem ›sich benehmen wie der Elefant im Porzellanladen‹ entspricht englisch ›like a bull in a chinashop‹ – dasselbe Denkmodell, aber keine Übersetzung.

Zahlreiche stehende Vergleiche sind von vornherein auf Witz und Groteske aufgebaut, so z. B. die verschiedenen Varianten des Klischees ›klar wie Kristall‹. In den Variationen heißt es dann: ›klar wie Kloßbrühe‹ – ›dicke Tinte‹ – ›Schuhwichse‹ – ›Zwetschgenbrühe‹ – ›Mehlsuppe‹ usw. Alle diese Wendungen bedeuten: unumstritten, völlig, durchsichtig. Tatsächlich entspricht nur die erste – literarische – Fassung ›klar wie Kristall‹ dieser Bedeutung. Aber gerade sie ist nicht volkstümlich. Alle volkstümlichen redensartlichen Vergleiche in diesem Wortfeld sind vielmehr scherzhaft, ironisch gemeint. Denn weder Kloßbrühe noch dicke Tinte oder Schuhwichse sind durchsichtig. Der ironische redensartliche Vergleich beruht auf einer Art Verfremdungseffekt insofern, als die gewohnte Redensart in eine fremde, schockierend neue Umgebung verpflanzt wird, denn der Vergleich paßt nicht, und der Witz liegt dann in dem Unsinn: ›schlank wie eine Tonne‹ – ›gespannt wie ein alter Regenschirm‹ – ›gerührt sein wie Apfelmus‹ – ›verschwiegen wie eine Plakatsäule‹ – ›er sieht aus wie eine Hundehütte – in jeder Ecke ein Knochen‹ – ›strahlen wie ein frischgeputzter Dreckeimer‹ – ›passen wie die Faust aufs Auge‹ – ›er spricht wie der Blinde von der Farbe‹. So auch in den Mundarten, z. B. mecklenburgisch ›hei is uprichtig as'n Kauhstiert‹ (aufrichtig wie ein Kuhschwanz, der ja meistens herabhängt). Der ironische redensartliche Vergleich wird oft bewußt gebraucht, der witzige Kurzschluß zwischen zwei heterogenen Dingen, der Vergleich zwischen Unvergleichbarem oder Gegensätzlichem absichtlich hergestellt. Die stehenden Vergleiche sind zum überwiegenden Teil umgangssprachlich. Sie können aber auch literarisch sein und eine gewisse Stilfärbung besitzen, z. B. ›singen wie eine Nachtigall‹ – ›tief wie das Grab‹ – ›schön wie der junge Frühling‹. Im volkstümlich umgangssprachlichen Bereich sind dagegen Wortspiele sehr beliebt, z. B. ›ausreißen wie Schafleder‹, wobei ›ausreißen‹ doppelsinnig in den beiden Bedeutungen ›zerreißen‹ und ›flüchten‹ gebraucht wird, oder ›Einfälle wie ein altes Haus haben‹. Manchmal ist literarischer Ursprung nachweisbar. Der ›Ölgötze‹ des redensartlichen Vergleichs ›dastehen wie ein Ölgötze‹ ist primär eine Lutherische Prägung, d. h. also ein Zitat, das anonym geworden ist. Während es für das Lateinische, Französische und Englische gute Arbeiten über den sprichwörtlichen Vergleich gibt, steht die Forschung für den deutschen Sprachbereich noch ganz in den Anfängen.

Eine im Entstehen begriffene Freiburger Diss. von Hubert Schick wird deutsche, französische und spanische sprichwörtliche Vergleiche untersuchen. In manchen Fällen sind die Vergleiche in allen drei Sprachen mit gleichen Lexemen gebildet (›ängstlich wie ein Hase‹ – ›peureux comme un lièvre‹ – ›más tímido que una liebre‹). In anderen Fällen weicht der Vergleich im Deut-

24

schen von beiden romanischen Sprachen ab (›aussehen wie sieben Tage Regenwetter‹ – ›avoir une figure de Vendredi Saint‹ ›tener cara de Viernes Santo‹). Manchmal unterscheiden sich frz. Vergleiche vom Deutschen und Spanischen (›vieux comme Hérode‹ – ›alt wie Methusalem‹ – ›viejo como Matusalén‹), oder die Vergleiche werden in allen drei Sprachen mit verschiedenen Bildern ausgedrückt (›leben wie Gott in Frankreich‹ – ›être comme un coq en pâte‹ – ›vivir como una abeja en flor‹). Auch spanische Vergleiche können sich vom Deutschen und Französischen unterscheiden (›pobre como una lancha‹ – ›arm wie eine Kirchenmaus‹ – ›pauvre comme un rat d'église‹). Und selbstverständlich gibt es auch deutsche sprichwörtliche Vergleiche, die in keiner der anderen Sprachen eine Entsprechung haben (z. B. ›aufpassen wie ein Schießhund‹). Die sprach- und kulturhistorischen Hintergründe für solche Gleichungen und Verschiedenheiten werden noch zu erforschen sein.

Literatur:

Arora, Shirley L., Proverbial Comparisons in Ricardo Palma's Tradiciones peruanas (Folklore Studies 16), Berkeley and Los Angeles 1966.

Grober-Glück, Gerda, Motive und Motivationen in Redensarten und Meinungen, 2 Bde., 1974.

Halpert, Herbert, A Pattern of Proverbial Exaggeration from West Kentucky, in: Midwest Folklore 1, 1951, 41-47.

Hanford, G. L., Metaphor and Simile in American Folk Speech, in: Dialect Notes 5, 1918-1927, 149-180.

Klein, Hans Wilhelm, Die volkstümlichen sprichwörtlichen Vergleiche im Lateinischen und in den romanischen Sprachen, Diss. Tübingen 1936.

Röhrich, Lutz, Gebärde, Metapher, Parodie. Studien zur Sprache und Volksdichtung, 1967.

Röhrich, Lutz, Lexikon der sprichwörtlichen Redensarten, 4. Aufl., 1976.

Taylor, Archer, The Proverb, Hatboro/Pa. 1962, S. 220-223.

Taylor, Archer, Proverbial Comparisons and Similes from California (Folklore Studies 3), Berkeley and Los Angeles 1954.

Taylor, Archer, More Proverbial Comparisons from California, in: Western Folklore 17, 1958, 12-20.

Thomas, W., The Decline and Decadence of Folk Metaphor, in: Publications of the Texas Folklore Society 2, 1923, 14-17.

Weise, Oskar, Die volkstümlichen Vergleiche in den deutschen Mundarten, in: Zeitschrift für deutsche Mundarten 16, 1921, 169-179.

Widmer, Walter, Volkstümliche Vergleiche im Französischen, Diss. Basel 1929.

Wilstack, F. J., A Dictionary of Similes, London 1917.

Woeste, Friedrich, Stehende oder sprichwörtliche Vergleiche aus der Grafschaft Mark, in: Die deutschen Mundarten 5, 1858, 57-66, 161-172.

Wondratsch, Hans, Bild und Vergleich als Ausdruck bäuerlichen Denkens, in: Sudetendeutsche Zeitschrift für Volkskunde 9, 1936, 101-104.

Zingerle, Ignaz V., Farbenvergleiche im Mittelalter, in: Germania 9, 1864, 385-402.

Die Frage nach dem Ursprung der meisten Sprichwörter ist bis heute nicht befriedigend geklärt worden. Um die Überlieferungsgeschichte auch nur eines Sprichwortes zu belegen, bedarf es gewöhnlich einer monographischen Studie, die bei dem Forscher weitgreifende kulturgeschichtliche und sprachliche Kenntnisse voraussetzt. Für einige Sprichwörter und Redensarten wie z. B. ›Morgenstund‹ hat Gold im Mund‹, ›Das geht auf keine Kuhhaut‹ und ›Regen bei Sonnenschein‹ existieren umfangreiche Einzelstudien, und sehr verstreut gibt es Hunderte von kürzeren oder längeren Untersuchungen zu einzelnen Sprichwörtern. Bibliographisch sind diese allerdings bisher kaum erfaßt worden. Einen Anfang bildet *Lutz Röhrichs* zweibändiges »Lexikon der sprichwörtlichen Redensarten«, das für zahlreiche Sprichwörter und Redensarten Kurzmonographien mit weiterführenden bibliographischen Angaben bietet.

Als Entstehungszeit eines beachtlichen Teiles der Sprichwörter kommt nur eine vorliterarische Zeit in Frage. Ihr erstes Auftauchen in antiken literarischen Quellen ist also meist bereits ein Zitat aus der mündlichen Überlieferung. Hieraus ergibt sich, daß der früheste schriftliche Beleg eines Sprichwortes nicht unbedingt der Ursprung des Sprichwortes sein muß. Vielmehr werden viele Sprichwörter längst im Volke allgemein gebräuchlich gewesen sein, bevor sie endlich ins antike Schrifttum aufgenommen wurden.

Der Urheber eines jeden Sprichwortes ist immer ein Individuum, das irgendwann, irgendwo und irgendwie einen Gedanken kurz und bündig zum Ausdruck bringt, der wegen seines allgemeingültigen Gehalts von anderen Sprachteilnehmern aufgegriffen und akzeptiert wird. Wie beim Märchen oder Volkslied, deren Wortlaut durch ständiges Weitergeben und Wiederholen verändert wird, wird auch die sprichwörtliche Formulierung so lange umgewandelt, bis sie als Sprichwort mundgerecht ist. Bei diesem Prozeß des ›Umsagens‹ in der mündlichen Überlieferung ist es natürlich nicht überraschend, daß der Name des einzelnen in Vergessenheit gerät, aus welchem Grunde Sprichwörter im allgemeinen als anonyme Erfahrungssätze im Umlauf sind.

Neben dieser mündlichen Quelle spielt die literarische Herkunft der Sprichwörter eine große Rolle. Viele Sprichwörter waren zuerst Sentenzen oder geflügelte Worte von Dichtern, die dann durch häufigen Gebrauch volksläufig, d. h. sprichwörtlich, geworden sind. Auch diese Sprichwörter sind anonym, obwohl sich der eigentliche Urheber durch mühsame Forschungsarbeit nachweisen läßt.

Viele Sprichwörter stammen also aus vorliterarischer Zeit und wurden bereits zu Beginn der schriftlichen Überlieferung als Sammlungen von Weisheitsliteratur zusammengestellt und festgehalten. Ganz allgemein erklärt *Otto Moll*, daß »der Grundstock der heutigen europäischen Sprichwörter Übersetzungen oder Umarbeitungen von Zitaten aus der antiken griechischen und lateinischen Literatur und der Bibel sind« (S. 113). Für die neuere Überlieferung gelten die Literatur, die vielen Sprichwörtersammlungen sowie die mündliche Tradierung als die drei wichtigsten Quellenbereiche. Hinzu kommt noch die große Anzahl an Lehnsprichwörtern, die durch Übersetzungen in den deutschen Sprachgebrauch aufgenommen wurden. Für manche dieser Sprichwörter aus der neueren Zeit läßt sich der Ursprung leichter feststellen, besonders wenn sich der Bildgehalt eines Sprichwortes z. B. kulturgeschichtlich nur auf das 16. Jh. beziehen kann. *Leopold Schmidt* spricht von zeitlichen Schichtungen (Ursprungszeiten) der Sprichwortentstehung, die man herausarbeiten könnte, aber er betont gleichzeitig die Notwendigkeit monographischer Behandlungen einzelner Sprichwörter und Redensarten, um exakte Urteile über die Entstehungszeit des neueren Sprichwortschatzes zu erreichen. Offensichtlich ist das Mittelalter reich an Sprichwörtern, ebenfalls das 16. und 17. Jh., sowie schließlich das 19. Jh. Viele Sprichwörter dürften also auf diese Epochen zurückgehen. Wider Erwarten ist aber auch die jetzige Zeit ein guter Nährboden für das Sprichwort, wie *Wolfgang Mieder* verschiedentlich gezeigt hat. Werbeslogans und witzige Sprichwortparodien können durch den Einfluß der Massenmedien sehr geläufig werden. Bei vielen handelt es sich allerdings um sprachliche Eintagsfliegen, doch andere wie z. B. »Berlin bleibt Berlin« und »Im Falle eines Falles klebt Uhu wirklich alles« dürften wohl zu den Sprichwörtern gerechnet werden. Die Zeit der Gestaltung von neuen Sprichwörtern ist keineswegs vorüber, wie so oft fälschlich behauptet wird.

Literatur:
Barbour, Frances M., Some Uncommon Sources of Proverbs, in: Midwest Folklore 13, 1963, 97-100.
Barrick, Mac E., Rhyme and the Dating of Proverbs, in: Proverbium 15, 1970, 431-433.
Hulme, Edward F., Proverb Lore, London 1902; Detroit 1968, S. 1-25.
Jente, Richard, Morgenstunde hat Gold im Munde, in: Publications of the Modern Language Association 42, 1927, 865-872.
Kuusi, Matti, Regen bei Sonnenschein. Zur Weltgeschichte einer Redensart (FFC 171), Helsinki 1957.
Marvin, Dwight Edward, The Antiquity of Proverbs, New York 1922.
Mieder, Wolfgang, Das Sprichwort in unserer Zeit, Frauenfeld 1975.

Röhrich, Lutz, Lexikon der sprichwörtlichen Redensarten, 1973, ⁴1976.
Schmidt, Leopold, Zur Wiener Redensartenforschung. Stand und Aufgaben, in: Volk und Heimat, Festschrift für Viktor von Geramb, Graz 1949, S. 209-220.
Seiler, Friedrich, Das deutsche Sprichwort, 1918, S. 7-10.
Seiler, Friedrich, Deutsche Sprichwörterkunde, 1922; 1967, S. 19-35.
Taylor, Archer, The Proverb, Cambridge/Mass. 1931; Hatboro/Pa. 1962, S. 3-15.
Urbas, Wilhelm, Die Sprichwörter und ihre Entstehung, in: Neue Monatshefte für Dichtkunst und Kritik 4, 1876, 501-513.
Whiting, Bartlett Jere, The Origin of the Proverb, in: Harvard Studies and Notes in Philology and Literature 13, 1931, 47-80.
Wildhaber, Robert, Das Sündenregister auf der Kuhhaut (FFC 163), Helsinki 1955.

1. Antikes Schrifttum

Das Interesse am Sprichwort läßt sich an Hand eines reichhaltigen Schrifttums bis zu den Anfängen der schriftlichen Überlieferung zurückverfolgen. Selbst die in Keilschrift verfaßten Tafeln des sumerischen Volkes enthalten regelrechte Sprichwörtersammlungen, wie *Bendt Alster* und *Edmund Gordon* gezeigt haben. Die klassischen Philologen haben besonders im 19. Jh. die Schriften der wichtigsten Autoren der Antike auf Sprichwörter untersucht, und mit Recht kann heute von einer griechisch-römischen Sprichworttradition gesprochen werden, die auf eine noch frühere mündliche Überlieferung zurückgeht und bis zu den lateinischen Sprichwörtersammlungen des Mittelalters und des Humanismus weiterführt. In Übersetzungen leben diese antiken Sprichwörter als längst einheimisch empfundene Sprichwörter heute noch in den modernen europäischen Sprachen weiter.

Die größten Verdienste haben sich *E. Leutsch* und *F. G. Schneidewin* mit ihrem zweibändigen »Corpus Paroemiographorum Graecorum« (1839, 1851) um die griechischen Sprichwörter und ihre Sammler (Paroemiographen) gemacht, indem sie Paroemiographen wie *Zenobius, Diogenianus, Plutarchus* und *Cyprius* kritisch bearbeitet haben. Der Beginn dieser wissenschaftlichen Sprichwortforschung in der Antike kann mit *Aristoteles* angesetzt werden, dessen Werk »Paroimiai« leider nicht erhalten ist. Von größtem Interesse sind auch solche Studien (meist Dissertationen), die den Gebrauch des Sprichwortes bei griechischen Autoren untersuchen, denn sie bringen nicht nur frühe Belege für viele Sprichwörter, sondern sagen gleichzeitig etwas über die Biologie des Sprichwortes in der Antike aus. *Plato, Apollonius, Sophokles, Homer, Aristophanes, Aischylos, Euripides* und viele andere griechische Denker und Dichter haben Sprichwörter in ihre Werke aufgenommen, ein Zeichen dafür, daß das volkstümliche Sprichwort in der Antike als ebenso literaturfähig galt wie das geflügelte Wort. Den umfassendsten Überblick über die allein vom Sprachlichen her sehr komplexe griechische Sprichwörterforschung gibt *Karl Rupprecht* mit vielen Literaturangaben.

Auch die römischen Schriftsteller wie *Plautus, Terenz, Cicero* und *Horaz* haben Sprichwörter in ihre Werke integriert. Von einer ausgesprochenen Sammeltätigkeit, wie sie von den Griechen, wenn auch nur bruchstückhaft überliefert, betrieben wurde, kann bei den Römern allerdings nicht die Rede sein. *A. Ottos* gründliches Werk »Die Sprichwörter und sprichwörtlichen Redensarten der Römer« (1890) gilt auch heute noch mit seiner detaillierten Einleitung und den philologischen Anmerkungen zu den Sprichwörtern als das Handbuch zum römischen Sprichwort. Aus diesem Buch wird deutlich, daß der größte Teil dieser Sprichwörter auf griechische Texte zurückgeht, d. h. viele sind Lehnübersetzungen, die später in die europäischen Volkssprachen weiterübersetzt wurden. Überzeugende Beweise dafür bietet auch die gelehrte Sammlung der »Adagia« (1500 ff.) des *Erasmus von Rotterdam*, der über viertausend Sprichwörter mit feinstem philologischem Spürsinn auf ihre antike Quelle zurückgeführt hat.

Viele dieser Sprichwörter und Redensarten wie etwa ›Öl ins Feuer gießen‹, ›Das Hemd ist mir näher als der Rock‹, ›Von der Skylla in die Charybdis‹, ›Schuster bleib bei deinem Leisten‹, ›Aus einer Mücke einen Elefanten machen‹, ›Eile mit Weile‹, ›Kleider machen Leute‹, ›Steter Tropfen höhlt den Stein‹, ›Gottes Mühlen mahlen langsam‹ und ›Eine Hand wäscht die andere‹ gehen auf antike Sprichwörter zurück. Auch nur die Überlieferungsgeschichte eines dieser Sprichwörter von der Antike bis zu den Volkssprachen und deren Dialekten zu erforschen, würde jeweils eine umfangreiche Monographie ergeben.

Literatur:
Alster, Bendt, Studies in Sumerian Proverbs, Copenhagen 1975.
Bieler, Ludwig, Die Namen des Sprichworts in den klassischen Sprachen, in: Rheinisches Museum für Philologie 85, 1936, 240-253.
Crusius, Otto, Märchenreminiscenzen im antiken Sprichwort, in: Verhandlungen der Görlitzer Philologenversammlung, 1889, S. 31-47.
Dobesch, Gerhard, Die Sprichwörter der griechischen Sagengeschichte, Diss. Wien, 1962.
Gordon, Edmund, Sumerian Proverbs and Their Cultural Significance, Diss. University of Pennsylvania, 1955.

Gordon, Edmund, Sumerian Proverbs. Glimpses of Everyday Life in Ancient Mesopotamia, Philadelphia 1959.

Hopkins, Washburn, Proverbs and Tales Common to the Two Sanskrit Epics, in: American Journal of Philology 20, 1899, 22-39.

Häussler, Reinhard (Hrsg.), Nachträge zu A. Otto, Sprichwörter und sprichwörtliche Redensarten der Römer, 1968.

Klein, Hans Wilhelm, Die volkstümlichen sprichwörtlichen Vergleiche im Lateinischen und in den romanischen Sprachen, Diss. Tübingen, 1936.

Köhler, Carl Sylvio, Das Tierleben im Sprichwort der Griechen und Römer, 1881; 1967.

Leutsch, E. L. und *F. G. Schneidewin,* Corpus Paroemiographorum Graecorum, 2 Bde., 1839 und 1851; 1965.

(Leutsch-Schneidewin), Corpus Paroemiographorum Graecorum, Supplementum, 1961.

Moll, Otto, Über die ältesten Sprichwörtersammlungen, in: Proverbium 6, 1966, 113-120.

Otto, A., Die Götter und Halbgötter im Sprichwort, in: Archiv für lateinische Lexicographie 3, 1886, 207-229 und 384-387.

Otto, A., Die historischen und geographischen Sprichwörter, in: Archiv für lateinische Lexicographie 3, 1886, 355-384.

Otto, A., Die Sprichwörter und sprichwörtlichen Redensarten der Römer, 1890; 1971 (S. XL-XLI Sprichwörter bei Autoren).

Payr, Theresia (Hrsg.), Erasmus von Rotterdam, Adagiorum Chiliades (Ausgewählte Schriften, Bd. 7), 1972.

Reichert, Heinrich G., Urban und human. Gedanken über lateinische Sprichwörter, 1956.

Rupprecht, Karl, Art. »Paroimia« in: Realencyclopädie der classischen Altertumswissenschaft, Bd. XVIII, 4, 1949, Sp. 1707-1735.

Rupprecht, Karl, Art. »Paroimiographoi« in: Realencyclopädie der classischen Altertumswissenschaft, Bd. XVIII, 4, 1949, Sp. 1735-1778 (Sp. 1776-1777 Sprichwörter bei Autoren).

Schmarje, Susanne, Das sprichwörtliche Material in den Essays von Montaigne, Bd. I, 1973, S. 3-10.

Strömberg, Reinhold, Greek Proverbs. A Collection of Proverbs and Proverbial Phrases which are not Listed by the Ancient and Byzantine Paremiographers, Göteborg 1954.

Taylor, Archer, The Proverb, Cambridge/Mass. 1931; Hatboro/Pa. 1962, S. 61-65.

Thompson, John, The Form and Function of Proverbs in Ancient Israel, The Hague 1974.

Als das meistgelesene Buch hat die Bibel besonders nach ihrer Übersetzung in die verschiedenen Volkssprachen viel altes Weisheitsgut überliefert, d. h. die meisten der biblischen Sprichwörter sind in der Bibel nicht erstmalig belegt. Vielmehr gehörten auch diese bereits der mündlichen Tradierung an, bevor sie im hebräischen und griechischen Urtext und schließlich in der lateinischen Übersetzung der Bibel schriftlich festgehalten wurden. C. M. Wahl hat die Überlieferung dieser Sprichwörter vom Hebräischen bis zu den neueren Umgangssprachen belegt, und Carl Schulze weist an Hand von vielen Literaturangaben die Überlieferung der biblischen Sprichwörter in der deutschen Sprache bis Luther nach. Dabei wird deutlich, daß der sprachgewaltige Bibelübersetzer Martin Luther den größten Teil der deutschen Bibelsprichwörter nicht geschaffen sondern vorgefunden hat. Durch seine Sprachbegabung aber gelang es Luther, der sich für seine Bibelübersetzung und seine anderen Schriften eine eigene Sprichwörtersammlung anlegte, die oft in Mundartvarianten vorliegenden Sprichwörter so umzuwandeln, daß sie in diesem Wortlaut durch die große Popularität der Lutherbibel zum Gemeingut der deutschen Sprache werden konnten. Luthers Verdienst ist also nicht so sehr schöpferisch sondern eher normierend. Über die Aufnahme des Sprichwortgutes der Lutherbibel im Volke berichtet Paul Grünberg, der auch auf die mannigfachen Veränderungen, Abschleifungen und Umbildungen hinweist, die diese Bibelzitate über die Jahrzehnte erfahren haben. Von Interesse sind hier auch solche Redensarten, die in der Bibel nicht überliefert sind, die aber durch die allgemeine Kenntnis der biblischen Gestalten und Geschichten zu festen Redensarten werden konnten. Man denke an Redensarten wie ›Mit Adam und Eva beginnen‹, ›Arm wie Hiob‹, ›Ein Leben wie im Paradies‹ sowie die vielen Redensarten um die Heiligen.

Über die Anzahl eigentlicher Sprichwörter in der Bibel bestehen widersprüchliche Angaben. Schulze bespricht 296, von denen 179 aus dem Alten, 117 aus dem Neuen Testament kommen. Grünberg, der auch Redensarten mit einbezieht, kommt auf etwa 800 Nummern, die durch notwendige weitere Forschung leicht über ein Tausend ansteigen wird. Zählt man dann noch die Redensarten hinzu, die im Anklang an die Bibel entstanden sind, dann liegt ein gewaltiges Corpus biblischer Redensarten vor.

Besonders sprichwortreich im Alten Testament sind das 1. Buch Mosis, Sirach, der Psalter, Hiob und natürlich die Sprüche Salomonis, wie z. B.

›Bleibe im Lande und nähre dich redlich‹ (Ps. 36, 3), ›Gott gibt es den Seinen im Schlafe‹ (Ps. 126, 2), ›Wer andern eine Grube gräbt, fällt sellbst hinein‹ (Spr. 26, 27) und ›Es geschieht nichts Neues unter der Sonne‹ (Eccles. 1, 10). Im Neuen Testament sind besonders die Evangelien, die Apostelgeschichte und die Römer- und Korintherbriefe mit Sprichwörtern angefüllt, wie z. B. ›Der Mensch lebt nicht vom Brot allein‹ (Matth. 4, 4), ›Niemand kann zwei Herren dienen‹ (Matth. 6, 24; Luc. 16, 13), ›Wes das Herz voll ist, des geht der Mund über‹ (Matth. 12, 34; Luc. 6, 45) und ›Ehre, dem Ehre gebühret‹ (Röm. 13, 7).

Gerade die biblischen Sprichwörter und Redensarten gehören heute zu den populärsten in der deutschen Sprache und sind so volksläufig, daß an ihren biblischen Charakter kaum noch gedacht wird.

Literatur:
Beardslee, William A., Uses of the Proverb in the Synoptic Gospels, in: Interpretation. A Journal of Bible and Theology 24, 1970, 61-73.
Champion, Selwyn Gurney, The Eleven Religions and Their Proverbial Lore: A Comparative Study, New York 1945.
Cornette, James, Proverbs and Proverbial Expressions in the German Works of Luther, Diss. University of North Carolina, 1942.
Duyse, P. van, Spreekwoorden aen geestelyke zaken ontleend, in: Belgisch Museum 5, 1841, 192-233 und 454-458.
Ehrhardt, Arnold, Greek Proverbs in the Gospel, in: Harvard Theological Review 46, 1953, 59-77.
Grünberg, Paul, Biblische Redensarten, Eine Studie über den Gebrauch und Mißbrauch der Bibel in der deutschen Volks- und Umgangssprache, 1888.
Heuseler, J. A., Luthers Sprichwörter aus seinen Schriften gesammelt, 1824; 1973.
Kidner, Frank Derek, The Proverbs. An Introduction and Commentary, London 1964.
Loukatos, Démétrios, L'Evangile de Saint Luc dans le parler proverbial du peuple grec, in: Benetia, 1974, 41-57.
McKane, William, Proverbs. A New Approach, London 1970.
Schulze, Carl, Deutsche Sprichwörter auf biblischem Grunde, in: Archiv für das Studium der neueren Sprachen und Literaturen 28, 1860, 129-148.
Schulze, Carl, Die biblischen Sprichwörter der deutschen Sprache, 1860.
Scott, R., The Anchor Bible. Proverbs. Ecclesiastes. Introduction, Translation and Notes, Garden City/New York 1965.
Söhns, Franz, Die Bibel und das Volk, in: Zeitschrift für den deutschen Unterricht 4, 1890, 9-29.
Taylor, Archer, The Proverb, Cambridge/Mass. 1931; Hatboro/Pa. 1962, S. 52-61.
Thiele, Ernst, Luthers Sprichwörtersammlung, 1900.
Wahl, M. C., Das Sprichwort der hebräisch-aramäischen Literatur mit besonderer Berücksichtigung der neueren Umgangssprachen, 1871.

Zur Quellenkunde des Sprichwortes gehören neben dem antiken Schrifttum und der Bibel natürlich auch sämtliche schriftliche Zeugnisse der neueren Zeit. Die mündliche Überlieferung des Sprichwortes in vergangenen Zeiten läßt sich nur noch aus Büchern und Schriften belegen, deren sprichwörtliche Auswertung immer wieder gefordert wurde. Einerseits läßt sich die Überlieferungsgeschichte von einzelnen Sprichwörtern an Hand dieser schriftlichen Quellen nachweisen, andererseits aber werden sich gerade durch solche Studien noch nicht belegte Sprichwörter und Sprichwortvarianten finden lassen. Außerdem können auf diesem Wege Rückschlüsse auf die allgemeine Häufigkeit des Sprichwortgebrauchs und auf die regionale Verbreitung der Sprichwörter zu verschiedenen Zeiten gezogen werden.

Bisher hat man vor allem die schöngeistige Literatur auf Sprichwörter untersucht und ein reiches Quellenmaterial zusammengetragen. *Wolfgang Mieder* hat die Ergebnisse der Sprichwortauslese aus der anglo-amerikanischen, der deutschen und der romanischen Literatur in drei Forschungsberichten bibliographisch verzeichnet, die allgemein erkennen lassen, daß das 16. Jh. bis etwa zur Mitte des 17. Jhs. als goldenes Zeitalter des Sprichworts in Europa zu gelten hat. *William Shakespeare* und seine Zeitgenossen *Ben Jonson* und *Christopher Marlowe* in England, *Giambattista Basile* in Italien, *Miguel de Cervantes Saavedra* in Spanien, *Michael Montaigne* und *François Rabelais* in Frankreich und schließlich *Sebastian Brant, Johann Fischart, Martin Luther, Thomas Murner* und *Hans Sachs* in Deutschland sind nur die wichtigeren Schriftsteller, die Sprichwörter zu Hunderten in ihre Werke aufgenommen haben. Die überwältigende Anzahl von Sprichwörtern in der Literatur dieser Zeit – im »Faustbuch« (1587) gibt es ein regelrechtes Sprichwörterkapitel – läßt auf die Popularität des Sprichwortes auch im mündlichen Gebrauch dieses didaktisch-lehrhaften und satirisch-kämpferischen Zeitalters schließen.

Doch auch das europäische Mittelalter und seine Literatur bietet reiches Quellenmaterial, das *Samuel Singer* in seinem dreibändigen Werk »Sprichwörter des Mittelalters« (1944-1947) exemplarisch bearbeitet hat. *Geoffrey Chaucer, Chrestien de Troyes, Hartmann von Aue, Heinrich von Meißen* (Frauenlob), *Freidank, Hugo von Trimberg, Konrad von Würzburg* und viele andere Dichter bezeugen die Beliebtheit des Sprichwortes als Ausdruck von Weisheit und Moral im Mittelalter.

Gelten das Mittelalter und das 16. Jh. als sprichwortreich, so wird der Sprichwortgebrauch im Barockzeitalter bis zur Absurdität übertrieben. Der Prediger *Abraham a Santa Clara*, ebenso wie seine Vorgänger *Berthold von Regensburg* und *Geiler von Kaisersberg*, verwendet Sprichwörter noch als volkssprachliches didaktisches Werkzeug, aber bei *Christoffel von Grimmelshausen* und *Johann Michael Moscherosch* entladen sich regelrechte Sprichworttiraden, die als Beweis für den ›Schwulststil‹ dieser Zeit gelten können. Von Georg Philipp Harsdörffer ist sogar ein »Schauspiel Teutscher Sprichwörter« (1641) überliefert, das fast ausschließlich aus Sprichwörtern und Redensarten besteht. Nach diesem Höhepunkt geht der Gebrauch des Sprichwortes in der vernunft- und verstandesorientierten Aufklärung zurück, um dann allerdings in der Sprache der Sturm- und Drangzeit kurz wieder aufzublühen. Im allgemeinen verachtete das 18. Jh. das Sprichwort, und überhaupt setzte sich während der Aufklärung und der Klassik das literarische Zitat im Büchmannschen Sinne durch. Das bedeutet natürlich nicht, daß das Sprichwort im mündlichen Gebrauch unbedingt nachgelassen hat, nur fand es keine erhebliche Aufnahme in die Literatur mehr, obwohl z. B. Lessing und Goethe Sprichwörter in ihre Werke integrierten. Erst im 19. Jh. nimmt die Zahl der Sprichwörter in der Literatur mit der Hinwendung zum Realismus und schließlich zum Naturalismus wieder zu. Prosaschriftsteller wie *Johann Peter Hebel*, *Jeremias Gotthelf*, *Berthold Auerbach*, *Otto Ludwig* und *Theodor Storm* verwendeten in ihren in Kleinstädten oder auf dem Lande spielenden Novellen und Dorfgeschichten die Volkssprache und somit auch Sprichwörter. Schließlich seien auch noch moderne Autoren wie *Alfred Döblin*, *Günter Grass*, *Peter Handke*, *Erwin Strittmatter*, *Johannes Bobrowski*, *Martin Walser* und vor allem *Bertolt Brecht* erwähnt, die in ihren Werken die heutzutage oft parodistische Sprichwortverwendung fortsetzen.

Die schöne Literatur ist also als Überlieferungsquelle von Sprichwörtern von großer Bedeutung, und von einem wichtigen Vorteil ist es, daß das Sprichwort dort nicht isoliert wie in den Sprichwörtersammlungen steht. Vielmehr tritt beim Gebrauch des Sprichwortes in der Literatur gleichzeitig dessen Sinn und Zweck auf, woraus auf die Biologie des Sprichwortes zu verschiedenen Zeiten geschlossen werden kann. Die Forschung hat sich allerdings bisher beim Quellenstudium fast nur der schöngeistigen Literatur angenommen. Alte Chroniken, Reisejournale, Tagebücher, Briefe, Predigten, Kalender, Trivialliteratur, Zeitschriften, Zeitungen, etc. müßten eingehend untersucht werden, um die Quellenforschung des Sprichwortes aus ihrer Einseitigkeit zu befreien.

Literatur

Die zahlreichen Studien zum Sprichwort bei Autoren sind in den drei For-schungsberichten von Wolfgang Mieder zusammengestellt:

Mieder, Wolfgang, Das Sprichwort und die deutsche Literatur, in: Fabula 13, 1972, 135-149. Erweiterte Bibliographie in W. *Mieder* (Hrsg.), Ergeb-nisse der Sprichwörterforschung, Bern 1977.

Mieder, Wolfgang, The Proverb and Anglo-American Literature, in: South-ern Folklore Quarterly 38, 1974, 49-62.

Mieder, Wolfgang, The Proverb and Romance Literature, in: Romance Notes 15, 1974, 610-621.

Mieder, Wolfgang, Das Sprichwort in der deutschen Prosaliteratur des neun-zehnten Jahrhunderts (Motive 7), 1976.

Seiler, Friedrich, Das deutsche Sprichwort, 1918, S. 12-15.

Seiler, Friedrich, Deutsche Sprichwörterkunde, 1922; 1967, S. 46-66.

Singer, Samuel, Sprichwörter des Mittelalters, 3 Bde., Bern 1944-1947.

Taylor, Archer, The Proverb, Cambridge/Mass. 1931; Hatboro/Pa. 1962, S. 171-183.

4. Mündliche Überlieferung

Lange ist die Sprichwörterforschung viel zu sehr eine Wissenschaft der Stubengelehrten gewesen, die die Sprichwörter zwar als ›Weisheiten auf der Gasse‹ bezeichnen, selbst aber das Sprichwort am Schreibtisch aus schriftlich überlieferten Quellen ohne eigentliche Feldforschung behandeln. Auch von den Sprichwörtersammlungen beruhen die wenigsten auf der mündlichen Sammeltätigkeit. Rühmliche Ausnahmen bilden im 19. Jh. Dialektsammlun-gen von *Anton Birlinger, Carl Dirksen, H. Frischbier, Georg Schambach* und *Otto Sutermeister* sowie die durch Fragebogen ermittelten Sprichwörter und Redensarten der Mundartwörterbücher. Darin wird allerdings wenig oder nichts über den Gebrauch der Sprichwörter im mündlichen Verkehr ausge-sagt.

Einige Arbeiten über das Leben des Sprichwortes im mündlichen Sprach-gebrauch liegen allerdings jetzt vor, und da sind an erster Stelle die grundle-gende Arbeit von *Mathilde Hain* »Sprichwort und Volkssprache. Eine volkskundlich-soziologische Dorfuntersuchung« (1951) sowie die Arbeiten von ihren Schülern *Gertrud Burk* und *Wolfgang Stangel* zu nennen. Zusam-men mit einer vierten Studie von *Friedrich Ohly* ergeben diese Dorfunter-suchungen nicht nur einen realistischen Einblick in die Gebrauchsfunktion der Sprichwörter, sondern sie zeigen an Hand von vielen mundartlichen Beispie-len auf, welche Sprichwörter wann, wo und wie heute (bzw. vor ein oder drei Jahrzehnten) tatsächlich benutzt werden. Man hört heute so oft die Klage, daß Sprichwörter ihre Bedeutung verloren haben und kaum noch verwendet werden, und doch braucht man nur einem Gespräch zuzuhören oder das Fernsehen anzustellen, und schon hat man den besten Beweis dafür, daß Menschen aller sozialen Schichten und jedes Bildungsniveaus Sprichwörter benutzen und somit mündlich überliefern. Dabei wäre es nun interessant, ge-rade mit Tonbandgeräten weitere Felduntersuchungen zu unternehmen, um festzustellen, wie das Sprichwort in der gegenwärtigen Bevölkerung existiert. Aber auch das Sprichwort unter Arbeitern, Politikern, Studenten, etc. könnte mit Hilfe von Tonbandgeräten erforscht werden. Weitere Studien über die Sprichwörterfrequenz (Tillhagen) und damit über die Beliebtheit gewisser Sprichwörter (Kuusi) zu verschiedenen Zeiten müßten durchgeführt werden, und zwar indem das heutige mündliche Material im Kontext (Arewa/Dundes) gesammelt und aufgezeichnet wird. Für Volkskundler und Sprachwissenschaftler liegt hier ein weites Arbeitsgebiet vor.

Literatur:

Abrahams, Roger D., On Proverb Collecting and Proverb Collections, in: Proverbium 8, 1967, 181-184.

Arewa, E. Ojo, Proverb Usage in a »Natural« Context and Oral Literary Criticism, in: Journal of American Folklore 83, 1970, 430-437.

Arewa, E. Ojo und *Alan Dundes,* Proverbs and the Ethnography of Speaking Folklore, in: American Anthropologist 66, 1964, 70-85.

Birlinger, Anton, So sprechen die Schwaben. Sprichwörter, Redensarten, Reime, 1868.

Brandes, Stanley H., The Selection Process in Proverb Use: A Spanish Example, in: Southern Folklore Quarterly 38, 1974, 167-186.

Bryant, Margaret M., Proverbs and how to Collect Them, Greensboro/North Carolina 1945.

Burk, Gertrud, Das Sprichwort in einer oberhessischen Bauernfamilie. Eine volkskundlich-soziologische Untersuchung, Diss. Frankfurt, 1953.

Dirksen, Carl, Ostfriesische Sprichwörter und sprichwörtliche Redensarten mit historischen und sprachlichen Anmerkungen, 2 Bde., 1889 und 1891; 1973.

Frischbier, H. Preußische Sprichwörter und volksthümliche Redensarten, 2 Bde., 1865 und 1876; 1971.

Hain, Mathilde, Sprichwort und Volkssprache. Eine volkskundlich-soziologische Dorfuntersuchung, 1951.

Kimmerle, Marjorie M., A Method of Collecting and Classifying Folk Sayings, in: Western Folklore 6, 1947, 351-366.

Kuusi, Matti, Parömiologische Betrachtungen (FFC 172), Helsinki 1957, S. 35-40.

McKelvie, Donald, Proverbial Elements in the Oral Tradition of an English Urban Industrial Region, in: Journal of the Folklore Institute 2, 1965, 244-261.

Ohly, Friedrich, Vom Sprichwort im Leben eines Dorfes, in: Volk, Sprache, Dichtung, Festgabe für Kurt Wagner, 1960, S. 276-293.

Schambach, Georg, Die plattdeutschen Sprichwörter der Fürstentümer Göttingen und Grubenhagen, 1851; 1974.

Seiler, Friedrich, Das deutsche Sprichwort, 1918, S. 10-12.

Seiler, Friedrich, Deutsche Sprichwörterkunde, 1922; 1967, S. 36-46.

Stangel, Wolfgang, Redensarten im Dorfleben. Feldstudien in Niederselters/Taunus, in: Hessische Blätter für Volkskunde 67, 1966, 31-82.

Sutermeister, Otto, Die schweizerischen Sprichwörter der Gegenwart in ausgewählter Sammlung, Aarau 1869.

Tillhagen, Carl-Hermann, Die Sprichwörterfrequenz in einigen nord-schwedischen Dörfern, in: Proverbium 15, 1970, 538-540.

5. Lehnsprichwort

Viele der heute als typisch deutsch empfundenen Sprichwörter sind bei näherer Betrachtung ursprünglich nicht in Deutschland entstanden. Vielmehr hat die deutsche Sprache eine große Anzahl von Sprichwörtern aus anderen Sprachen entlehnt, wie sich ja auch der deutsche Wortschatz durch Wortentlehnungen ständig vergrößert hat. Unter einem Lehnsprichwort versteht man ein aus einer fremden Sprache übersetztes Sprichwort, das in dieser Form in der eigenen Sprache volksläufig geworden ist. Aus diesem Grunde ist man sich beim Gebrauch dieser Sprichwörter auch nur selten bewußt, daß es sich um entlehntes Wortgut handelt. Die Lehnsprichwörter sind so in den deutschen Sprachgebrauch integriert, daß sie allgemein als deutsche Sprichwörter betrachtet werden.

Für die Quellenforschung ergibt sich allerdings ein großes Problem, denn die Entlehnung eines Sprichwortes läßt sich nur sehr schwer unter Beweis stellen. Überhaupt muß die Möglichkeit einer Polygenese mancher Sprichwörter mit in Betracht gezogen werden, denn es kann möglich sein, daß eine als Sprichwort ausgedrückte Weisheit in der Antike ohne Entlehnungsvorgang Jahrhunderte später von einem einzelnen in ein unabhängiges deutsches Sprichwort verdichtet wird, was eine nur zufällige Übereinstimmung der beiden Sprichwörter darstellen würde. Die Lehnsprichwortforschung geht allerdings von der Monogenese der Sprichwörter aus, d. h. sie versucht, neuere Sprichwörter jeweils auf ein älteres Ursprungssprichwort zurückzuführen. Um über die Originalität oder Entlehnung deutscher Sprichwörter entscheiden zu können, bedarf es allerdings eingehender Einzelforschungen.

Der größte Anteil der deutschen Lehnsprichwörter geht auf die griechisch-römische Antike und auf die Bibel zurück und ist vor allem durch schriftliche Überlieferung entlehnt worden. Verantwortlich für diese Überlieferung waren der in den Händen der Kirche liegende Schulbetrieb des Mittelalters und später die Humanisten und Reformatoren des 16. Jhs. Aus dieser schriftlichen Tradierung drang das Sprichwortgut in übersetzter Form auch in den mündlichen Gebrauch vor und konnte sich auf diese Weise immer mehr ausbreiten. Dazu verhalfen die zweisprachige Bevölkerung an den Grenzen, Spielleute, Handwerker, Seeleute und Soldaten sowie die deutschsprachige Literatur. Diese Wanderwege genauestens festzustellen, ist natürlich heute kaum noch möglich.

Friedrich Seiler hat allerdings in seinem vierbändigen Werk »Das deutsche Lehnsprichwort« (1921-1924) ein einmalig reiches Quellenmaterial zusammengetragen, und auch die vielen Einzelstudien von *Archer Taylor* analysieren diesen Entlehnungsvorgang von der Antike bis zur Moderne. *O. J. Tallgren-Tuulio* schließlich hat diese Entlehnungsprozesse in bezug auf zeitliche und geographische Verbreitung graphisch überzeugend dargestellt. So gibt es Sprichwörter, die von Griechenland bis nach Finnland gewandert sind, während andere nur bis nach Schweden, Deutschland, Frankreich oder Italien entlehnt wurden. Andererseits aber hat es Entlehnungen gegeben, die vom Norden aus bis in die moderne griechische Sprache weitergegeben worden sind.

Stammt also ein großer Teil der Lehnsprichwörter aus der Antike, die heute zu regelrechten ›Weltsprichwörtern‹ geworden sind, so gehen viele internationale Sprichwörter nur bis zum Mittelalter zurück. Es entwickelte sich nämlich im Mittelalter ein originalmittelalterlicher Sprichwortschatz, der durch die engen politisch-kulturellen Bezüge von einer Volkssprache in die andere übersetzt wurde. Auch hier war der lateinische Schulunterricht wieder eines der Hauptmittel der Überlieferung. Zum Beispiel gelangte ein französisches Sprichwort in lateinischer Übersetzung in Schulbücher oder durch wandernde Kleriker an deutsche Klosterschulen und wurde dann durch Übersetzungen in der deutschen Sprache volksläufig. Für diese neuen und sich in Europa schnell ausbreitenden Sprichwörter hat *Friedrich Seiler* den Begriff »gemeinmittelalterliche Sprichwörter« geprägt. Ein Beispiel wäre:

Lat.	Pulverulenta novis bene verritur area scopis.
Franz.	Il n'est rien tel que balai neuf.
Engl.	New brooms sweep clean.
Mhd.	Der niuwe beseme kêrt vil wol, ê daz er stoubes werde vol.
Nhd.	Neue Besen kehren gut.

Aus diesem Beispiel läßt sich aber auch erkennen, warum sich manche Sprichwörter heutzutage so leicht übersetzen lassen und manche wiederum gar nicht (vgl. Burger und Müller-Schwefe). Handelt es sich um durch internationale Entlehnungsprozesse verbreitete Sprichwörter, so liegen direkte Entsprechungen vor, und es besteht keine Übersetzungsschwierigkeit. Für solche Sprichwörter jedoch, die nur einer Sprache angehören, gibt es kein äquivalentes Sprichwort in der anderen Sprache, und ein sinngemäßes Sprichwort mit einem anderen Sprachbild muß gefunden werden: z. B. entspricht der englischen Redensart »to beat about the bush« die deutsche Redensart »wie die Katze um den heißen Brei herumgehen.«

In neuerer Zeit sind vor allem französische Sprichwortentlehnungen ins Deutsche vorgedrungen, besonders im 17. Jh., als die französische Sprachüberfremdung beunruhigende Ausmaße annahm. Den höfischen Gesellschaftskreisen in Deutschland durfte das französische Sprichwort ›L'appetit vient en mangeant‹ geläufig gewesen sein, das schließlich in deutscher Übersetzung als ›Der Appetit kommt beim Essen‹ allgemeine Verbreitung fand. Heutzutage sind es dagegen die angloamerikanischen Sprichwörter, die entweder im Original oder übersetzt entlehnt werden. Sprichwörter wie ›My home is my castle‹, ›Charity begins at home‹ und ›Nobody is perfect‹ machen deutlich, daß die Entlehnungsprozesse keineswegs abgeschlossen sind. Mit der internationalen Vormachtstellung des Englischen dürfte gerade das englische Sprichwortcorpus für viele neue Lehnsprichwörter sorgen.

Literatur:

Anikin, V. P., Zehn Thesen zum Sprichwort, in: Proverbium 2, 1965, 27-31.

Burger, Harald, Idiomatik des Deutschen, 1973, S. 100-104.

Dölker, Helmut, Sprichwörter – Vergleichbares verschieden gesagt, in: Dona Ethnologica, Festschrift für Leopold Kretzenbacher, 1973, S. 330-339.

Esser, Wilhelm Martin, Deutsch-französische Parallelen in Redewendung, Sprachbild und Sprichwort, in: Muttersprache 79, 1969, 204-217.

Grigas, Kazys, Der syntaktische Aspekt bei der vergleichenden Forschung der Sprichwörter, in: Proverbium 23, 1974, 914-919.

Jente, Richard, German Proverbs from the Orient, in: Publications of the Modern Language Association 48, 1933, 17-37.

Jiga, Caius T., Sur la typologie sémantique de quelques proverbes dans les langues romanes, in: Actele celui de-al XII-lea congres international de linguistică și filologie romanică, Bd. I, Bukarest 1970, S. 169-177.

Kradolfer, J., Das italienische Sprichwort und seine Beziehungen zum Deutschen, in: Zeitschrift für Völkerpsychologie 9, 1877, 185-271.

Kuusi, Matti, Regen bei Sonnenschein. Zur Weltgeschichte einer Redensart (FFC 171), Helsinki 1957.

Müller-Schwefe, Gerhard, Sprichwörter als Übersetzungsproblem, in: Die Neueren Sprachen 71, 1972, 341-351.

Nagy, Gábor, The Blending of Proverbs, in: Proverbium 4, 1966, 65-69.

Seiler, Friedrich, Das deutsche Lehnsprichwort (Bd. 5-8 von F. Seilers Die Entwicklung der deutschen Kultur im Spiegel des deutschen Lehnwortes), 1921-1924.

Seiler, Friedrich, Das deutsche Sprichwort, 1918, S. 30-39.

Seiler, Friedrich, Deutsche Sprichwörterkunde, 1922; 1967, S. 80-97.

Tallgren-Tuulio, O. J., Locutions figurées calquées et non calquées. Essai de classification pour une série de langues littéraires, in: Mémoires de la Société néo-philologique de Helsingfors 9, 1932, 279-324.

Taylor, Archer, The Proverb, Cambridge/Mass. 1931; Hatboro/Pa. 1962, S. 43-52. Für Taylors Einzelstudien vgl. die bibliographische Zusammenstellung in W. *Mieder* (Hrsg.), Selected Writings on Proverbs by Archer Taylor (FFC 216), Helsinki 1975.

Wahl, M. C., Das Sprichwort der neueren Sprachen. Ein vergleichend phraseologischer Beitrag zur deutschen Literatur, 1877.

6. Geographische Verbreitung

Zur Überlieferung der Sprichwörter gehört selbstverständlich auch die Frage nach ihrer räumlichen Verbreitung. Hat es an Forschungen zur Überlieferungsgeschichte eigentlich nicht gefehlt, so ist der landschaftliche Geltungsbereich der Sprichwörter mit einigen Ausnahmen bis vor kurzem kaum behandelt worden. Und doch ist es von größtem Interesse, einen Überblick darüber zu gewinnen, inwieweit deutsche Sprichwörter tatsächlich dem gesamten deutschen Sprachgebiet als Gemeingut geläufig sind und wie sie sich vielleicht von einer Sprachlandschaft zur anderen unterscheiden. Wörterbücher und Sprichwörtersammlungen aus verschiedenen Mundartgebieten sowie die größeren überregionalen Sammlungen enthalten selbstverständlich aufschlußreiches Material, aber erst eine demoskopische Forschung mit kartographischer Darstellung kann ein umfassendes Bild über die Sprichwortverbreitung in der heutigen Zeit liefern.

Für das Sprichwort ›Wer zuerst kommt, mahlt zuerst‹ hat *Sven B. Ek* eine solche Studie für Schweden zusammengestellt, und *Matti Kuusi* gibt sogar die Weltverbreitung der Redensart ›Regen bei Sonnenschein‹ und ihrer zahlreichen Varianten. Für das deutsche Sprachgebiet aber liegt jetzt *Gerda Grober-Glücks* monumentales Werk »Motive und Motivationen in Redensarten und Meinungen« (1974) mit einem Text- und Kartenband vor, dem eine demoskopisch-geographische Forschungsmethode zugrunde liegt. Als Materialgrundlage diente der V. Fragebogen, der in den Jahren 1930-1935 zur Erstellung des »Atlas der deutschen Volkskunde« an rund 18000 Mitarbeiter versandt wurde. Aus diesem reichhaltigen Material hat Grober-Glück eine repräsentative Auswahl getroffen und in übersichtlichen Tabellen geordnet. Daraus kann man nun die Verbreitungsflächen und Verbreitungsdichten einzelner Redensarten sowie ihrer Varianten im deutschsprachigen Gebiet ablesen und gleichzeitig im Kartenband abgebildet sehen. Grober-Glücks Arbeit ist ein Anfang und gleichzeitig ein Höhepunkt der demoskopischen Redensartenforschung, die nun hoffentlich auch auf die Redensarten und Sprichwörter unserer Tage angewandt werden wird. Es wäre von größtem Interesse, nun eine neue Umfrage anzustellen, um daraus Rückschlüsse zu ziehen, ob sich neue Varianten herausgebildet haben, ob ältere Varianten weggefallen sind, wie sich die einzelnen Varianten jetzt (besonders in Anbetracht der Mobilität der modernen Gesellschaft) über Deutschland verbreiten, etc. Der gegenwartsbezogenen Sprichwortforschung öffnet sich hier ein weiter Aufgabenkreis.

Literatur:

Ek, Sven B., Den som kommer först till kvarns – Ett ordsprak och dess bakgrund (Wer zuerst zur Mühle kommt, darf zuerst mahlen), Lund 1964.

Grober-Glück, Gerda, Zur Verbreitung von Redensarten und Vorstellungen des Volksglaubens unserer Zeit, in: Protokollmanuskript zur 3. Arbeitstagung über Fragen des ADV in Bonn vom 27.-29. April 1961, S. 89-95 (mit einer Aussprache auf S. 95-100).

Grober-Glück, Gerda, Zur Verbreitung von Redensarten und Vorstellungen des Volksglaubens nach den Sammlungen des Atlas der deutschen Volkskunde, in: Zeitschrift für Volkskunde 58, 1962, 41-71.

Grober-Glück, Gerda, Redensarten und Vorstellungen des Volksglaubens im Rheinland nach den Sammlungen des Atlas der deutschen Volkskunde, in: Rheinische Heimatpflege 1, 1964, 30-42.

Grober-Glück, Gerda, Motive und Motivationen in Redensarten und Meinungen, 2 Bde., 1974.

Grober-Glück, Gerda, Berlin als Innovationszentrum von metaphorischen Wendungen der Umgangssprache, in: Zeitschrift für deutsche Philologie 94, 1975, 321-367.

Kuusi, Matti, Regen bei Sonnenschein. Zur Weltgeschichte einer Redensart (FFC 171), Helsinki 1957.

Levin, Isidor, Überlegungen zur demoskopischen Parömiologie, in: Proverbium 11, 1968, 289-293 und 13, 1969, 361-366.

Schmidt, Leopold, Zur Wiener Redensartenforschung. Stand und Aufgaben, in: Volk und Heimat, Festschrift für Viktor von Geramb, Graz 1949, S. 209-220.

Schwarz, Ernst, Das ist ein rechter Rübezahl, in: Sudetendeutsche Zeitschrift für Volkskunde 2, 1929, 229-235.

7. Deutsche Sprichwörtersammlungen

Von größter Wichtigkeit für die Quellenforschung des Sprichwortes sind natürlich die Sprichwörtersammlungen, die auf deutschem Gebiet mit dem 11. Jh. einsetzen und bis zum heutigen Tage weiterhin entstehen. Wird das Sprichwort auf der einen Seite mündlich überliefert, so haben die Sammlungen das Sprichwort seit dem Mittelalter schriftlich festgehalten und tradiert, denn die Sammler haben meistens die älteren Sammlungen immer wieder ausgeschrieben und so sicherlich manches zur Popularität der Sprichwörter beigetragen. Inzwischen liegen so viele Sprichwörtersammlungen vor, daß sie hier unmöglich alle aufgezählt werden können. Da die Sammlungen außerdem wissenschaftlich von sehr unterschiedlichem Wert sind, sollen weiter unten nur die wichtigsten Sammlungen mit Sekundärliteratur vorgestellt werden, die zum besseren Überblick in sieben Gruppen gegliedert sind.

Den Anfang dieses Quellenmaterials bildet eine Gruppe von kürzeren Sammlungen in lateinischer Sprache. Als älteste hat die von *Egbert von Lüttich* um 1023 verfaßte »Fecunda ratis« zu gelten, die außer antikem und biblischem Sprichwortgut auch deutsche Sprichwörter in lateinischer Übersetzung enthält. Der Zweck dieser sowie der anderen frühen Sammlungen war ein pädagogisch-didaktischer. Sie wurden an den Klosterschulen dazu verwendet, den Schülern Moral und Lebensweisheit zu lehren und gleichzeitig das Latein zu üben. Zusammen mit den 15 althochdeutschen Sprüchen aus Notker Labeos Schrift »De partibus logicae« bilden diese meist in lateinischen Hexametern verfaßten Übersetzungen wichtige Quellen für die deutschen Sprichwörter des Mittelalters.

Erst mit den 162 »Schwabacher Sprüchen« aus dem 14. Jh. werden deutsche Sprichwörter zusammen mit den lateinischen Übersetzungen notiert. Diese deutsch-lateinischen Sammlungen dienten wiederum hauptsächlich dem Schulunterricht. Als wichtigste dieser vorreformatorischen Sammlungen sind die niederländischen »Proverbia communia sive seriosa« (Ende 15. Jh.) zu nennen, die 803 niederländische Sprichwörter mit lateinischer Übersetzung enthalten. Diese Sammlung ist von den späteren rein deutschen Sammlungen der Reformationszeit reichlich ausgeschrieben worden.

Zur Zeit des Humanismus treten gleich zwei bedeutende Sammlungen hervor, allerdings dem wissenschaftlichen Zeitgeist entsprechend wieder völlig in lateinischer Sprache verfaßt. Die 1500 zum ersten Male erschienenen »Adagiorum collectanea« des *Erasmus von Rotterdam* gelten als eines der wertvollsten Bücher über das antike Bildungsgut. Immer wieder erweitert und aufgelegt enthält diese Sammlung in bester lateinischer Sprache kürzere oder längere Studien zur Überlieferung griechisch-römischer Sprichwörter und Redensarten. Erasmus macht aber damit nicht halt, sondern sein enzyklopädisches Wissen schließt auch seine eigene turbulente Zeit und ihre Sprichwörter, wenn auch in lateinischer Übersetzung, mit ein. Im Gegensatz zu allen früheren Sammlungen bietet dieses Werk philologische und interpretatorische Kommentare zu den Sprichwörtern, und diese Art des Sprichwortessays wurde später von den deutschen Sammlern Agricola und Franck übernommen. Nur ganz minimale Worterklärungen hat dagegen der deutsche Humanist *Heinrich Bebel* seinen »Proverbia Germanica« (1508) hinzugefügt. Ohne die deutschen Sprichwörter anzuführen, gibt Bebel nur ihre lateinischen Übersetzungen, um damit ein Lehrbuch für ein reineres und korrekteres Latein zu schaffen. Schließlich sei auch noch die Sammlung des *Tunnicius* aus dem Jahre 1514 erwähnt, die niederdeutsche Sprichwörter mit lateinischen Übersetzungen aneinanderreiht und deshalb für die direkte Überlieferung deutschen Sprichwortgutes von Wichtigkeit ist.

Zur Zeit der Reformation entstehen drei umfangreiche Sammlungen, die aus den früheren Sammlungen, im Aufbau besonders aus Erasmus, viel übernommen haben und doch genügend eigenes, neues Material hinzugebracht haben. Es handelt sich nämlich bei den Sammlungen Agricolas, Francks und Egenolffs nicht mehr um eine bloße Aneinanderreihung von Sprichwörtern, sondern um Sprichwortauslegungen, die zu einer reichen kulturgeschichtlichen Fundgrube dieser Zeit werden. *Johannes Agricolas* Sammlung aus dem Jahre 1529 bildet die erste rein deutschsprachige Sammlung, deren 300 ausgelegte Sprichwörter noch im selben Jahr um 450 ergänzt wurden. Die einbändige Ausgabe erschien 1534 und enthält reiches Quellenmaterial. Nicht nur hat auch Agricola die antike Literatur verarbeitet, er zitiert darüber hinaus vor allem aus Freidank, Hugo von Trimberg, Volksbüchern, Sebastian Brant, Martin Luther, etc. Dabei besteht keine systematische Anordnung. Eine Sprichwortauslegung reiht sich an die andere, deren moralisch-didaktische Tendenz jeweils wie eine ›Minipredigt‹ auf den Leser wirkt. Überhaupt sieht Agricola seine Sprichwörtersammlung als eine Art volkstümliche Streitschrift im Dienst der Reformation und des Nationalbewußtseins an, was notwendigerweise zur deutschsprachigen Abfassung führen mußte. *Sebastian Francks* nur einmal gedruckte Sammlung aus dem Jahre 1541 enthält etwa 7000 Sprichwörter und ist wie ihre Vorgänger hauptsächlich aus pädagogischer Absicht verfaßt worden. Meistens stellt Franck ein lateinisches Sprichwort an die Spitze und läßt darauf verschiedene deutsche Sprichwörter folgen, die als Beweis für die Ebenbürtigkeit der deutschen Sprache gegenüber dem Lateinischen gelten sollen. Wie schon Agricola lockert auch Franck seine Sammlung durch eingeschobene Predigtmärlein und andere Geschichten auf, aber sein ganzes Werk ist von einer tiefen religiösen Grundstimmung geprägt, die den losen Aufbau des umfangreichen Buches zusammenhält. Die beiden großen Sammlungen von Agricola und Franck wußte der geschäftstüchtige und wohl auch freibeuterische Verleger *Christian Egenolff* geschickt in einem handlichen Band von 1320 Sprichwortauslegungen (386 aus Agricola, 934 aus Franck) zu vereinen, den er 1548 zum ersten Mal unter dem Titel »Sprichwörter, Schöne, Weise Klugreden« herausgab. Umsichtig hat Egenolff die interessantesten Beispiele ausgewählt, wobei er längere Sprichwortauslegungen auf den wesentlichsten Inhalt reduzierte. In dieser Aufmachung wurde die Sammlung zu einem Erfolgsbuch, das vom 16. Jh. bis zum heutigen Tage zahlreiche Neuauflagen erfuhr.

Im Vergleich zu diesen lesbaren und für das Reformationszeitalter so aufschlußreichen Sprichwörterbüchern sind die Sammlungen des 17. Jhs. nur Sprichwortkompilationen ohne kulturgeschichtlich relevanten Kommentar. Dafür sind sie dem Geist der Barockzeit entsprechend zu regelrechten Massensammlungen angewachsen. *Friedrich Peters'* Sammlungen z. B. enthält 21643 Sprichwörter und *Christoph Lehmann* hat sogar 22922 Nummern zusammengetragen. Vergleichbares läßt sich im 18. Jh. nicht mehr finden, aber im 19. Jh. erscheint dann *Karl Friedrich Wilhelm Wanders* fünfbändiges »Deutsches Sprichwörterlexikon« (1867-1880), ein in der Forschung einmaliges Sammelwerk, das an die 250000 Sprichwörter enthält. Dieses Werk ist für jede wissenschaftliche Beschäftigung mit dem deutschen Sprichwort als Belegquelle unentbehrlich, obwohl natürlich die Sammlungen von *M. Kirchhofer, J. Eiselein, W. Körte* und *K. Simrock* sowie die Sammlungen der Mundartsprichwörter auch heute noch von großem Wert sind. Besonders hingewiesen sei auch noch auf die zweibändige Sammlung der »Sprichwörter der germanischen und romanischen Sprachen« (1872 und 1875) von *Ida von Düringsfeld* und *Otto Freiherr von Reinsberg-Düringsfeld,* die die Grundlage für die vergleichende Sprichwortforschung bildet.

Auch heutzutage erscheinen weiterhin Sprichwörtersammlungen, viele davon allerdings als populäre Taschenbücher. Eine regelrechte Modeerscheinung sind solche Bücher geworden, die Sprichwörter und Redensarten mehr oder weniger wissenschaftlich-unterhaltend erklären. Auf diesem Gebiet hat *Lutz Röhrichs* »Lexikon der sprichwörtlichen Redensarten« (1973) als beispielhafte Ausnahme zu gelten, denn darin wird das erklärungsbedürftige Sprichwortmaterial wissenschaftlich exakt mit vielen Bildbelegen bearbeitet. Für die Sprichwortforschung von größter Wichtigkeit sind ferner die vielen Neudrucke älterer Sammlungen, die in den letzten Jahren erschienen sind, wodurch der weiteren Erforschung des Sprichwortschatzes eine reiche Materialgrundlage geboten ist.

Literatur:
Über die vielen Sprichwörtersammlungen geben die parömiologischen Bibliographien detaillierte Auskunft. Die wichtigsten deutschen Sammlungen hat Friedrich Seiler eingehend beschrieben:

Seiler, Friedrich, Das deutsche Sprichwort, 1918, S. 16-30.
Seiler, Friedrich, Deutsche Sprichwörterkunde, 1922; 1967, S. 66-149.
Taylor, Archer, The Collection and Study of Proverbs, in: Proverbium 8, 1967, 161-176.
Taylor, Archer, How Nearly Complete are the Collections of Proverbs? in: Proverbium 14, 1969, 369-371.
Zacher, Julius, Die deutschen Sprichwörtersammlungen nebst Beiträgen zur Charakteristik der Meusebachschen Bibliothek, 1852.

Egbert von Lüttich, Fecunda ratis, um 1023.
   (vgl. *Ernst Voigt* [Hrsg.], Egberts von Lüttich Fecunda Ratis, 1889)
Proverbia Henrici, 12. Jh.
   (vgl. *K. Müllenhoff* und *W. Scherer,* Denkmäler deutscher Poesie und Prosa, 2. Aufl., 1873, S. 45-52)
Sprüche aus Scheftlarn, Ende des 12. Jhs.
   (vgl. *J. Werner,* Lateinische Sprichwörter und Sinnsprüche des Mittelalters, 1912)
Spruchsammlung von St. Omer, um 1200.
   (vgl. Romanische Forschungen 6, 1890, 557-574)
Proverbia Rustici, Anfang des 13. Jhs.
   (vgl. Romanische Forschungen 3, 1887, 633-641)
Florilegium Vindobonense, 13. Jh.
   (vgl. *K. Müllenhoff* und *W. Scherer,* Denkmäler deutscher Poesie und Prosa, 2. Aufl., 1873, S. 45-52)
Florilegium Gottingense, 1366.
   (vgl. Romanische Forschungen 3, 1887, 281-314)

Literatur:
Bartsch, Karl, Sprichwörter des XI. Jahrhunderts, in: Germania 18, 1873,
   310-353.
Dale, Darley, Medieval Latin Proverbs, in: American Catholic Review 46,
   1921, 336-342.
Seiler, Friedrich, Deutsche Sprichwörter in mittelalterlicher lateinischer Fas-
   sung, in: Zeitschrift für deutsche Philologie 45, 1913, 236-291.
Seiler, Friedrich, Mittellateinische Sprichwörter, die in deutscher Fassung
   nicht nachweisbar sind, in: Zeitschrift für den deutschen Unterricht 35,
   1921, 299-308, 463-469, 532-537.
Singer, Samuel, Sprichwörter des Mittelalters, 3. Bde., Bern 1944-1947.
Singer, Samuel, Alte schweizerische Sprichwörter, in: Schweizerisches Archiv für Volkskunde 20, 1916, 389-419 und 21, 1917, 235-236.
Steiner, Arpad, The Vernacular Proverb in Medieval Latin Prose, in: American Journal of Philology 65, 1944, 37-68.
Voigt, Ernst, Über die ältesten Sprichwörtersammlungen des deutschen Mit-
   telalters, in: Zeitschrift für deutsches Altertum und deutsche Literatur 30,
   1886, 260-280.
Walther, Hans, Lateinische Sprichwörter und Sentenzen des Mittelalters in
   alphabetischer Anordnung, 6 Bde., 1963-1969.
Werner, Jakob, Lateinische Sprichwörter und Sinnsprüche des Mittelalters
   aus Handschriften gesammelt, 1912.
Zingerle, Ignaz V., Die deutschen Sprichwörter im Mittelalter, Wien 1864;
   Walluf 1972.

b) Deutsche Sprichwörtersammlungen der vorreformatorischen Zeit
   Außer den »Proverbia communia« sind alle Sammlungen von *Friedrich
Seiler* abgedruckt: Die kleineren deutschen Sprichwörtersammlungen der

vorreformatorischen Zeit und ihre Quellen, in: Zeitschrift für deutsche Philologie 47, 1918, 241-256, 380-390 und 48, 1920, 81-95.
Schwabacher Sprüche, 14. Jh.
Straßburger Sprüche, 14. Jh.
Graezer Sprüche, 14. Jh.
Prager Sammlung, 15. Jh.
Klagenfurter Sammlung, 1468.
Münchener Sprüche, 15. Jh.
Spruchsammlung aus dem Kloster Ebstorf, Ende des 15. Jhs.
Proverbia communia sive seriosa, um 1480.

Literatur:
Bregenzer, Josef Georg, Lateinische und deutsch-lateinische proverbia aus der St. Galler Handschrift 841 (aus dem Jahre 1462), Zürich 1972.
Hoffmann von Fallersleben, August, Altniederländische Sprichwörter (Proverbia communia), in: Horae Belgicae 9, 1854, 3-49.
Hoffmann von Fallersleben, August, Die ältesten deutschen Sprichwörtersammlungen, in: Weimarisches Jahrbuch für deutsche Sprache, Litteratur und Kunst 2, 1855, 173-186 (Proverbia communia S. 173-178).
Jente, Richard, Proverbia Communia, a Fifteenth Century Collection of Dutch Proverbs together with the Low German Version, Bloomington/Indiana 1947.
Ottow, A. M., Der Einfluss der ältesten niederländischen Sprichwörtersammlung (Proverbia communia) auf die älteren deutschen Sprichwörtersammlungen, in: Anzeiger für die Kunde der deutschen Vorzeit 12, 1865, Sp. 11-18.
Suringar, Willem, Over de Proverbia communia, ook Proverbia seriosa geheeten, de oudste verzameling van nederlandsche spreekwoorden, Leyden 1864.

c) Sprichwörtersammlungen des Humanismus
Johannes Fabri, Proverbia metrica et vulgariter rytmisata, 1495.
Innsbrucker Sprüche, 15. Jh.
    (vgl. Zeitschrift für deutsche Philologie 9, 1878, 82-92).
Erasmus von Rotterdam, Desyderii Herasmi Roterdami veterum maximeque insignium paroemiarum id est adagiorum collectanea, 1500.
Heinrich Bebel, Proverbia Germanica collecta atque in Latinum traducta, 1508.
Antonius Tunnicius, Antonii Tunicii Monasteriensis in Germanorum paroemias studosae iuventuti perutiles Monosticha, 1514.

Literatur:
Appelt, Theodore Charles, Studies in the Contents and Sources of Erasmus' Adagia, Diss. University of Chicago, 1942.
Franck, Jakob, Zur Quellenkunde des deutschen Sprichwortes, in: Archiv für das Studium der neueren Sprachen und Literaturen 40, 1867, 45-142 und 41, 1868, 125-148 (Bebel S. 47-87).

Hoffmann von Fallersleben, August, Die ältesten deutschen Sprichwörtersammlungen, in: Weimarisches Jahrbuch für deutsche Sprache, Literatur
und Kunst 2, 1855, 173-186 (Tunnicius und Fabri S. 178-186).
Hoffmann von Fallersleben, August (Hrsg.), Tunnicius. Die älteste niederdeutsche Sprichwörtersammlung, von Antonius Tunnicius gesammelt
und in lateinische Verse übersetzt, 1870; Amsterdam 1967.
Leitzmann, Albert, Zu den mittelniederdeutschen Sprichwörtersammlungen, in: Beiträge zur Geschichte der deutschen Sprache und Literatur 45,
1920-1921, 121-130.
Payr, Theresia (Hrsg.), Erasmus von Rotterdam, Adagiorum Chiliades
(Ausgewählte Schriften, Bd. 7), 1972.
Petters, Ignaz, Über zwei deutsche Sprichwörtersammlungen des XVI.
Jahrhunderts, in: Anzeiger für Kunde der deutschen Vorzeit 2, 1854, Sp.
268-271 (bes. Bebel)
Phillips, Margaret Mann, The Adages of Erasmus. A Study with Translations, Cambridge 1964.
Suringar, Willem, Erasmus over Nederlandsche spreekwoorden en spreek-
woordelijke uitdrukkingen van zijnen tijd uit's mans Adagia opgezameld
en uit andere meest nieuwere geschriften opgehelderd, Utrecht 1873.
Suringar, Willem (Hrsg.), Heinrich Bebel's Proverbia Germanica, Leiden
1879; 1969.

d) Sprichwörtersammlungen der Reformationszeit

Johannes Agricola, Drey hundert Gemeyner Sprichwörter, der wir Deutschen uns gebrauchen, und doch nicht wissen woher sie kommen, 1529.
Johannes Agricola, Das Ander teyl gemeyner Deutscher sprichwortter, mit
yhrer außlegung, hat funfft halb hundert newer wortter, 1529.
Johannes Agricola, Sybenhundert und fünfftzig Teütscher Sprichwörter,
verneüwert und gebessert, 1534.
Johannes Agricola, Fünfhundert Gemainer Newer Teütscher Sprüchwörter,
1548.
Martin Luther, (zu seinem Privatgebrauch angelegte Sprichwörtersammlung
von 489 Sprichwörtern), um 1530 oder früher. (vgl. Ernst Thiele [Hrsg.],
Luthers Sprichwörtersammlung, 1900)
Eberhard Tappe, Germanicorum adagiorum cum Latinis et Graecis collato-
rum Centuriae septem, 1539.
Sebastian Franck, Sprichwörter, Schöne, Weise, Herrliche Klugreden und
Hoffsprüch, 1541.
Egenolff, Christian (Hrsg.), Sprichwörter, Schöne, Weise Klugreden, 1548
(Zusammenstellung aus Agricola und Franck mit sehr vielen Auflagen, zuletzt 1972).
Gartner aus Marienberg, Proverbialia Dicteria ethicam et moralem doctri-
nam complectentia, versibus veteribus rhythmicis, ab antiquitate mutuatis,
una cum Germanica interpretatione, conscripta et studiose collecta. Teutsche Sprichwörter von den Sitten vnd gantzem Leben des Menschen, 1566.
Bruno Seidel, Loci Communes proverbiales de moribus, Carminibus anti-
quis conscripti, cum interpretatione Germanica nunc primum selecti et
editi, 1572.

Michael Neander, Ethice vetus et sapiens, 1581 (erst in der Ausgabe von 1585 auch deutsche Sprichwörter).
Eucharius Eyering, Proverbium Copia, 1601-1603.

Literatur:

Die oben erwähnten Sprichwörtersammlungen haben oft eine lange und komplizierte Auflagengeschichte, von der jeweils nur das Jahr der ersten Auflage angegeben wurde. Die hier folgende Sekundärliteratur gibt zusammen mit den Sprichwörterbibliographien vollständigere Editionsangaben.

Cornette, James, Proverbs and Proverbial Expressions in the German Works of Luther, Diss. University of North Carolina, 1942.

Franck, Jakob, Die Ausgabe der Sprichwörter Agricolas v. J. 1548, in: Anzeiger für Kunde der deutschen Vorzeit 12, 1865, Sp. 388-395.

Franck, Jakob, Die Ausgaben der Klugreden, 1548-1691, in: Serapeum 27, 1866, 177-188.

Franck, Jakob, Der Verfasser der Loci communes (Bruno Seidel), in: Anzeiger für Kunde der deutschen Vorzeit 14, 1867, 10-13.

Franck, Jakob, Zur Quellenkunde des deutschen Sprichworts, in: Archiv für das Studium der neueren Sprachen und Literaturen 40, 1867, 45-142 und 41, 1868, 125-148 (Bruno Seidel S. 88-142).

Gilman, Sander L. (Hrsg.), Johannes Agricola. Die Sprichwörtersammlungen, 2 Bde., 1971 (Enthält im neugesetzten Druck die Sammlungen von 1534 und 1548 mit umfangreichem wissenschaftlichem Apparat).

Grau, Heinz-Dieter, Die Leistung Johannes Agricolas als Sprichwortsammler, Diss. Tübingen, 1968.

Hain, Mathilde (Hrsg.), Johannes Agricola. Sybenhundert und fünfftzig Teütscher Sprichwörter verneüwert und gebessert, Hagenau 1534; 1970.

Henning, Hans (Hrsg.), Christian Egenolff (Hrsg.), Sprichwörter, Schöne, Weise Klugreden, Frankfurt 1552; 1968. (Ein Neudruck der ersten Ausgabe dieser Sammlung aus dem Jahre 1548 erschien 1972).

Heuseler, J. A. Luthers Sprichwörter aus seinen Schriften gesammelt, 1824; 1973.

Kommoß, Rudolf, Sebastian Franck und Erasmus von Rotterdam, 1934.

Latendorf, Friedrich, Agricolas Sprichwörter, ihr hochdeutscher Ursprung und ihr Einfluß auf die deutschen und niederländischen Sammler, 1862.

Latendorf, Friedrich, Die Ausgabe der Sprichwörter Agricolas v. J. 1548, in: Anzeiger für Kunde der deutschen Vorzeit 13, 1866, Sp. 207-210.

Latendorf, Friedrich, Der literarische Einfluß von Agricolas Sprichwörtern, mit besonderer Beziehung auf seine 500 neuen Sprüche vom Jahre 1548, in: Anzeiger für Kunde der deutschen Vorzeit 25, 1878, 180-182.

Latendorf, Friedrich, (Hrsg.), Sebastian Franck's erste namenlose Sprichwörtersammlung vom Jahre 1532 in getreuem Abdruck mit Erläuterungen und cultur- und literargeschichtlichen Beilagen, 1876; 1970. (Die Sammlung ist *nicht* von Sebastian Franck, sondern eine von Christian Egenolff gekürzte Ausgabe von Agricolas Sprichwörtern. Von Sebastian Franck ist nur die Sammlung vom Jahre 1541, die bisher nicht im Neudruck erschienen ist).

Latendorf, Friedrich, Zu Sebastian Francks Sprichwörtern vom Jahre 1532, in: Anzeiger für Kunde der deutschen Vorzeit 23, 1876, 363-364.

Latendorf, Friedrich, Zur Sprichwörterliteratur, in: Anzeiger für Kunde der deutschen Vorzeit 3, 1856, Sp. 330, 365 und 4, 1857, Sp. 80 (Tappe).

Latendorf, Friedrich, (Hrsg.), Michael Neanders deutsche Sprichwörter, 1864.

Löffler, Klaus, Eberhard Tappe, ein westfälischer Sprichwörtersammler des 16. Jahrhunderts, in: Niedersachsen 19, 1913-1914, 441-442.

Lübben, August, Über Sebastian Francks Sprichwörter, in: Zeitschrift für deutsche Philologie 8, 1877, 375-378.

Meisser, Ulrich, Die Sprichwörtersammlung Sebastian Francks von 1541, Amsterdam 1974.

Pusch, Karl, Über Sebastian Francks Sprichwörtersammlung vom Jahre 1541, in: Programm des Gymnasium Georgianum zu Hildburghausen, 1894, S. 1-42.

Raudnitz, Gustav, Die Sprichwörtersammlung Sebastian Francks von Donauwörth, Diss. Prag, o. J. (Auszug in: Jahrbuch der Philosophischen Fakultät der deutschen Universität in Prag 2, 1924-1925, 51-53.

Schaubach, E., Eucharius Eyering und seine Sprichwörtersammlung, 1890.

Schulte-Kemminghausen, Karl, Eberhard Tappes Sammlung westfälischer und holländischer Sprichwörter. Ein Beitrag zur Geschichte des westdeutschen Humanismus, in: Niederdeutsche Studien, Festschrift für Conrad Borchling, 1932, S. 91-112.

Schulze, Carl, Johann Agricola und Sebastian Franck und ihre Plagiatoren, in: Archiv für das Studium der neueren Sprachen und Literaturen 32, 1862, 153-160.

Windel, Rudolf, Zur Würdigung der Sprichwörtersammlung des Johann Agricola, in: Zeitschrift für den deutschen Unterricht 11, 1897, 643-653.

Zumpf, Karl, Über J. Agricolas deutsche Sprichwörter, in: Philomathie 2, 1820, 235-244.

e) Sprichwörtersammlungen des 17. und 18. Jahrhunderts

M. Friedrich Peters (Petri), Der Teutschen Weißheit, das ist auserlesen kurze sinnreiche lehrhafte und sittige Sprüche und Sprichwörter in schönen Reimen oder schlecht ohne Reim, 3 Teile, 1604-1605.

Janus Gruterus, Florilegium Ethico-Politicum, 3 Bde., 1610-1612.

Georg Henisch, Teutsche Sprach vnd Weisheit, 1616.

Christoph Lehmann, Florilegium Politicum oder politischer Blumengarten, 1630.

Justus Georg Schottel, Ausführliche Arbeit von der Teutschen Haubt Sprache, 1663; 1967 (Der dritte Traktat des fünften Buches handelt »Von den Teutschen Sprichwörteren Und anderen Teutschen Sprichwortlichen Redarten« und enthält eine Sammlung von etwa 1230 Sprichwörtern und 560 sprichwörtlichen Redarten, S. 1099-1146).

J. G. Seybold, Viridarium selectissimis paroemiarum et sententiarum Latino-Germanicarum flosculis adornatum – Lustgarten von auserlesenen Sprichwörtern, auch schönen und denkwürdigen Sitten- und Lehrsprüchen, 1677.

Andreas Schellhorn, Teutsche Sprichwörter, sprichwörtliche Redensarten und Denksprüche, 1797.

Johann Michael Sailer, Die Weisheit auf der Gasse, oder Sinn und Geist deutscher Sprichwörter, 1810.

Literatur:

Kosch, Wilhelm, Sailers »Weisheit auf der Gasse«, in: Zeitschrift des allgemeinen deutschen Sprachvereins 28, 1913, 293-296.

Narr, Dieter, Johann Michael Sailer und das deutsche Sprichwort, in: Bayerisches Jahrbuch für Volkskunde, 1956, 139-147.

Schulze, Carl, Spruchbuch der jungen Pfalzgräfin Anna Sophia, nachherigen Aebtissin von Quedlinburg vom Jahre 1630, in: Archiv für das Studium der neueren Sprachen und Literaturen 59, 1878, 313-338.

f) Sprichwörtersammlungen des 19. Jahrhunderts

M. Kirchhofer, Wahrheit und Dichtung. Sammlung Schweizerischer Sprichwörter, 1824.

W. Körte, Die Sprichwörter und sprichwörtlichen Redensarten der Deutschen, 1837; 1974.

J. Eiselein, Die Sprichwörter und Sinnreden des deutschen Volkes in alter und neuer Zeit, 1840.

Karl Simrock, Die deutschen Sprichwörter, 1846; 1881.

Georg Schambach, Die plattdeutschen Sprichwörter der Fürstentümer Göttingen und Grubenhagen, 1851; 1974.

Edmund Hoefer, Wie das Volk spricht. Sprichwörtliche Redensarten, 1855; 1898.

Georg Büchmann, Geflügelte Worte, 1864; 1972.

H. Frischbier, Preußische Sprichwörter und volkstümliche Redensarten, 2 Bde., 1865 und 1876; 1971.

Ida von Düringsfeld, Das Sprichwort als Kosmopolit, 1866.

Anton Birlinger, So sprechen die Schwaben. Sprichwörter, Redensarten, Reime, 1868.

Hans Meyer, Der richtige Berliner in Wörtern und Redensarten, 1869; 1965.

Otto Sutermeister, Die schweizerischen Sprichwörter der Gegenwart, Aarau 1869.

Ida von Düringsfeld und Otto Freiherr von Reinsberg-Düringsfeld, Sprichwörter der germanischen und romanischen Sprachen vergleichend zusammengestellt, 2 Bde., 1872 und 1875; 1973.

Karl Friedrich Wilhelm Wander, Deutsches Sprichwörterlexikon, 5 Bde., 1867-1880; 1964.

Hermann Schrader, Der Bilderschmuck der deutschen Sprache in Tausenden volkstümlicher Redensarten, 1886; 1912.

Wilhelm-Gustav Borchardt und Georg Wustmann, Die sprichwörtlichen Redensarten im deutschen Volksmund. Nach Sinn und Ursprung erläutert, 1888; 1955.

Carl Dirksen, Ostfriesische Sprichwörter und sprichwörtliche Redensarten mit historischen und sprachlichen Anmerkungen, 2 Bde., 1889 und 1891; 1973.

Rudolf Eckart, Niederdeutsche Sprichwörter und volkstümliche Redensarten, 1893; 1975.

Franz Freiherr von Lipperheide, Spruchwörterbuch, 1907; 1969.

Literatur:

Herzog, Annelies, Karl Friedrich Wilhelm Wander als Sammler und Bearbeiter des deutschen Sprichwortschatzes, Diss. Dresden, 1957.

Voigt, Günther, Karl Friedrich Wilhelm Wander und sein »Politisches Sprichwörterbrevier«, in: Deutsches Jahrbuch für Volkskunde 2, 1956, 80-90.

g) Sprichwörtersammlungen des 20. Jahrhunderts

Edwin Miller Fogel, Proverbs of the Pennsylvania Germans, Lancaster/Pa. 1929.

Carl Puetzfeld, Jetzt schlägt's dreizehn. Tausend Redensarten und ihre Bedeutung, 1937.

Alois Johannes Lippl, Ein Sprichwort im Mund wiegt 100 Pfund, 1958.

Kurt Krüger-Lorenzen, Das geht auf keine Kuhhaut. Deutsche Redensarten – und was dahinter steckt, 1960.

Kurt Krüger-Lorenzen, Aus der Pistole geschossen, 1966.

Kurt Krüger-Lorenzen, Der lachende Dritte, 1973.

Karl-Erich Krack, Redensarten unter die Lupe genommen, 1961.

Dora Schulz und Heinz Griesbach, 1000 idiomatische Redensarten. Mit Erklärungen und Beispielen, 1961; 1966.

Karl Rauch, Sprichwörter der Völker, 1963; 1975.

Heinrich Raab, Deutsche Redewendungen, 2. Aufl., 1964.

Anneliese Müller-Hegemann und Luise Otto, Das kleine Sprichwörterbuch, 1965; 1972.

Hans Dittrich, Redensarten auf der Goldwaage, 1970.

Hans Josef Meier-Pfaller, Das große Buch der Sprichwörter, 1970.

Gisela und Siegfried Neumann, Geduld, Vernunft un Hawergrütt. Volksweisheit im Sprichwort, 1971.

Werner Betz, Deutsche Sprichwörter, 1972.

Lutz Mackensen, Zitate, Redensarten, Sprichwörter, 1973.

Lutz Röhrich, Lexikon der sprichwörtlichen Redensarten, 2 Bde., 1973, [4]1976.

Gerhard Hellwig, Zitate und Sprichwörter von A-Z, 1974.

1. Bildhaftigkeit

Das Sprichwort ist ein Wortkunstwerk im kleinen, vielleicht das kürzeste und zugleich prägnanteste, das es in einer Sprache gibt. Prägungen wie ›Der Apfel fällt nicht weit vom Stamm‹; ›Es ist noch kein Meister vom Himmel gefallen‹; ›Hunger ist der beste Koch‹ sind Sprachkleinode und gewissermaßen Miniaturkunstwerke. Sprichwörter bringen in der Regel eine klare Aussage: ›Aller Anfang ist schwer‹; ›Wer den Schaden hat, braucht für den Spott nicht zu sorgen‹; ›Was der Bauer nicht kennt, das frißt er nicht‹; ›Ende gut, alles gut‹. Einfache prosaische Sätze sind hier gültig, deutlich und ohne verborgene Hinter- oder Nebengedanken formuliert. Daneben gibt es aber zahlreiche bildhafte Sprichwörter, die einen Allgemeingedanken, der auch mehr oder weniger abstrakt ausdrückbar wäre, in ein plastisch-konkretes Anschauungsbild kleiden. Umgekehrt muß oft das Bild eines Sprichwortes erst wieder abstrahiert werden, wenn man den Sinn verstehen soll, z. B. ›Stehend Wasser stinkt, gebrauchter Pflug blinkt‹. Nur durch die Übertragung in die Abstrakta ›Faulheit – Fleiß‹ wird die Sprichwortantithese hier greifbar. Der volkstümlichen Ausdrucksweise fällt es schwer, abstrakte Begriffe wie z. B. Streit, Zank, Schwatzhaftigkeit, Zorn, Verleumdung metaphernlos zu umschreiben; und so heißt es eben für Streit und Zank z. B. ›In der Küche gibt's zerbrochene Töpfe‹, ›Wenn man zwei stumpfe Messer aneinander wetzt, so werden sie beide scharf‹; für Schwatzhaftigkeit: ›Leere Schachteln klappern am lautesten‹; für Zorn: ›Wenn die Kanne voll ist, so läuft sie über‹; für Verleumdung: ›Wenn die Kohle nicht brennt, so schwärzt sie doch‹. Der Erfahrungssatz ›Mit Lügen kommt man nicht weit‹ wird bildhaft umgeprägt, wobei die Lügen zur Person werden: ›Lügen haben kurze Beine‹. Das sprichwörtliche Bild ist kräftiger, sprechender und einprägsamer. Es ist prägnanter zu sagen ›Die Katze läßt das Mausen nicht‹, als den Gedankeninhalt dieses Sprichwortes erst umständlich und individuell zu umschreiben: ›Niemand kann den Gelüsten der ihm angeborenen Natur widerstehen‹. Man sagt nicht: Es ist töricht, wenn die Kinder klüger sein wollen als ihre Eltern, sondern ›Das Ei will klüger sein als die Henne‹. Man sagt nicht: Man kann zwei Tätigkeiten, die sich ausschließen, nicht gleichzeitig verrichten, sondern ›Man kann nicht blasen und Mehl im Maul haben‹. Ein Sprichwortbild muß konkret stimmen, meint aber selten das Bezeichnete. Die Sprichwörter ›Stille Wasser gründen tief‹, ›Keine Rose ohne Dornen‹, ›Bellende Hunde beißen nicht‹, ›Man muß das Eisen schmieden, solange es heiß ist‹ machen keine Aussagen über Hydrologie, Botanik, Zoologie oder Eisenverhüttung, sondern über psychologische Charaktere und zwischenmenschliche Beziehungen. Das Sprichwort meint häufig etwas anderes, als der Wortlaut zum Ausdruck bringt. Wenn der Bauer sagt ›Eine fette Sau ist besser als ein fettes Pferd‹ (altenburgisches Sprichwort), so mag dies bäuerlicher Ansicht entsprechen und so gemeint sein, wie es gesagt ist; aber ›Eine blinde Sau findet wohl auch eine Eichel‹ wird sicher niemals von wirklich blinden Schweinen gebraucht, sondern dient immer zur Umschreibung menschlicher Verhältnisse. Und so ist es wohl meist bei den Tierbildern des Sprichworts. Gerade das Stichwort ›Sau‹ bietet genügend Beispiele: ›Aus einer kleinen Sau wird bald eine große‹, ›Es ist keine Sau so schmutzig, sie findet einen Eber, der sie küßt‹, ›Jede Sau soll bei ihrem Trog bleiben‹, ›Was schadet es der stolzen Eiche, wenn eine Sau sich daran reibt‹.

Einige andere Sprichwörter, in denen Tiere vorkommen, bestätigen diese Beobachtungen, z. B. ›Eine Krähe hackt der anderen kein Auge aus‹, d. h., Menschen derselben Denkungsart oder auch desselben Standes tun sich gegenseitig nichts zuleide. ›Auch wenn die Kuh schwarz ist, gibt sie doch weiße Milch‹, d. h., die äußere Erscheinung spielt keine entscheidende Rolle. ›Der Fisch fängt vom Kopf an zu stinken‹, d. h., in einer Gesellschaft beginnt der Verfall bei der Führung. ›Alter Fuchs geht gern in alter Fährte‹, d. h., ein durchtriebener Mensch läßt seine Gewohnheiten nicht. ›Wenn der Löwe brüllt, soll die Katze nicht miauen‹, d. h., wenn der Vorgesetzte zornig ist, soll der Untergebene sich seiner Meinung enthalten.

Menschliche Eigenschaften werden in das Tier hineingelegt und wieder zurückprojiziert: Der Löwe mit seinem Gebrüll ist der verkörperte Zorn; der Kuckuck, der seinen Namen selbst ruft, gilt als eitel und schwatzhaft; die Katze mit ihrer Naschhaftigkeit dient zum Vergleich mit jungen Mädchen; die im Dreck wühlende Sau zeigt das häßliche Tun des Verleumders; der Fuchs dient als Bild für den verschlagenen Dieb. Die kleinen Tiere, insbesondere lästige Fliegen und Flöhe stehen stellvertretend für unangenehme Leute wie Schwätzer, Hungerleider und Verleumder; der Wurm für Gebrechen, Krankheit oder menschliche Schwächen. Der Frosch, der seine Schallblase aufbläht, gilt als Bild für einen Aufschneider, der sich übernimmt.

Von einem alten Mann, der eine junge Frau heiratet, sagt man am Rhein ›Et lößt jo ehner ahlen Geeß gröhn Blättcher‹ (Auch eine alte Geiß hat Gelüste auf grüne Blätter). Von einer kleinen Frau, die einen großen Mann heiratet, heißt es ›'s is noch kee Maus unnich 'm

Haajhaufe verstrumpt‹ (Es ist noch keine Maus unter einem Heuhaufen erstickt). ›Wenn ich zweimal in der Woche Milch trinken will, kaufe ich mir deshalb doch noch keine Kuh‹, ist die redensartliche Weigerung eines jungen Mannes, ein Mädchen zu heiraten.

Die bildhafte Einkleidung eines abstrakten Gedankens gibt dem Sprichwort zwar Anschaulichkeit, aber doch auch eine Doppeldeutigkeit. Fast alle bildhaften Sprichwörter haben in diesem Sinne einen doppelten Geltungsbereich: einen wörtlichen, realen und daneben einen übertragenen. Pfälzisch ›E leerer Sack fallt um‹ will besagen: Wenn man nichts im Magen hat, kann man nicht arbeiten. ›Wu Raach is, is aach Feier‹ meint: An Gerüchten ist immer etwas Wahres. ›Man kann auf einem Bein nicht stehen‹ sagt man, wenn man einem Gast noch einen zweiten Schnaps einschenkt.

So sind im Sprichwort deutlich zwei unterschiedliche Aussageformen zu differenzieren, nämlich: die direkte und die indirekte Aussage. In direkten Sprichwörtern decken sich Sachverhalt und Aussage; es sind unverhüllte Aussagen. Obwohl der Realbereich des Sprichwortes stimmen muß, ist doch der Realbereich selten der eigentlich gemeinte, sondern häufiger ist es erst die übertragene Bedeutung. Meist wird das bildhafte Sprichwort *nur* bildlich gebraucht: ›Eine Hand wäscht die andere‹ ist keine Regel der Hygiene. ›Der Apfel fällt nicht weit vom Stamm‹ bezieht sich wohl kaum je auf einen wirklichen Apfelbaum. ›Es ist nicht alles Gold, was glänzt‹ ist kein Erfahrungssatz für den Wechselschalter einer Bank, sondern was gesagt werden soll, bezieht sich durchweg auf andere Lebenssituationen: Nicht alles, was äußerlich schön aussieht, ist auch innerlich wertvoll. Das Sprichwort ›Man kauft keine Katze im Sack‹ begründet heute oft voreheliche Geschlechtsgemeinschaft. Ähnlich ›In der Nacht sind alle Katzen grau‹, d. h., es ist egal, bei welcher Frau man schläft. Pfälzisch ›Jedes Dippche finnt sei Deckelche‹ ist kein Küchenrezept, sondern meint: Jedes Mädchen findet schließlich einen Mann. Ein bekanntes Sprichwort heißt ›Wenn alte Scheuern brennen, hilft kein Löschen‹. Es handelt sich dabei aber um keinen Merksatz für die ländliche Feuerwehr, sondern das Sprichwort wird in der Regel gebraucht, wenn sich ältere Leute noch einmal verlieben. Dann soll der Liebesbrand besonders stark und jeder zur Vernunft mahnende Ratschlag vergebens sein. Ein entgegengesetztes Sprichwort lautet: ›Ein schlechter Kater ist der, der nur vor einem Loche maust‹. Das Bild ist treffend. Aber es bleibt eben ein Bild. Gemeint sind im Grunde wieder nicht tierische, sondern menschliche Verhältnisse, obwohl das Sprichwort selbst nur vom Kater spricht.

Beliebtestes Mittel der Bildlichkeit ist die Personifizierung, z. B.

›Morgenstund' hat Gold im Mund‹, ›Hunger ist der beste Koch‹, ›Lügen haben kurze Beine‹, ›Ungeschickt läßt grüßen‹, ›Not frißt Hobelspäne‹. Dabei tritt häufig eine fiktive Namengebung in Erscheinung: ›Hans Dampf in allen Gassen‹, ›Bruder Leichtfuß‹, ›Graf Ego‹, ›Herr Hättich‹, ›Schlauberger‹, ›Drückeberger‹, ›Eileviel kommt zu spät ans Ziel‹. Ein weiteres Stilmittel ist die Dingbeseelung: Gegenständen oder Begriffen schreibt das Sprichwort ein Wollen, Handeln oder Leiden zu: ›Not lehrt beten‹, ›Krankheit kommt zu Pferde und geht zu Fuß weg‹, ›Wahrheit findet keine Herberge‹, ›Dem Zorn geht die Reue auf Socken nach‹. Abstrakte Begriffe werden mit höchst konkreten konfrontiert, z. B. ›Ein gutes Gewissen ist ein sanftes Ruhekissen‹, ›Alte Liebe rostet nicht‹, ›Reden ist Silber, Schweigen ist Gold‹.

Für die sprichwörtlichen Redensarten und ihre Bildhaftigkeit gilt Analoges. Die lebendige Sprache bevorzugt immer den bildkräftigeren Ausdruck. Statt ›jemand die Augen öffnen‹, ist es ausdruckskräftiger zu sagen ›ihm den Star stechen‹ – eigentlich ein medizinischer terminus technicus. Statt ›vor Müdigkeit gähnen‹ sagt man ›nach dem Bettzipfel schnappen‹, statt heftig lachen ›sich einen Ast lachen‹ oder gar ›sich einen Bruch lachen‹. Die Bildhaftigkeit neigt zu grotesken Übertreibungen wie etwa in der Wendung ›darüber lachen selbst die ältesten Suppenhühner‹. Neben der Neigung zur Übertreibung begegnen auch Euphemismen zur Verhüllung von Dingen oder Vorgängen, die man nicht gern beim rechten Namen nennt. Für den prügelnden Stock wird der Ausdruck ›ungebrannte Asche‹ gesetzt, für stehlen ›lange Finger machen‹. Und vor allem gehören hierher die unzähligen Umschreibungen für ›sterben‹: ›das Zeitliche segnen‹, ›ihm ist die Pfeife ausgegangen‹, ›er hat ein grünes Kleid angezogen‹, ›die große Reise angetreten‹, ›er ist nach Holzhausen gekommen‹, ›sich die Radieschen von unten bekieken‹ usw. Euphemistische Wendungen dienen häufig zur Umschreibung von Verbrechen und Strafen (›mit des Seilers Tochter Hochzeit machen‹, ›hinter die schwedischen Gardinen kommen‹), für prügeln und geprügelt werden (›das Fell gerben‹, ›ins Gebet nehmen‹), für sexuelle Vorgänge (›ein Hufeisen verlieren‹, ›sie hat Kürbisse gesteckt‹ = sie ist schwanger, ›der Backofen ist eingefallen‹ = sie hat geboren), für skatologische und Fäkalvorgänge (›Kotzebues Werke studieren‹, ›wo auch der Kaiser zu Fuß hingeht‹), für Nacktheit (›barfuß bis an den Hals‹) oder für Trinken und Betrunkensein. Bildhafte Sprichwörter und Redensarten dienen oft der Gedankenverhüllung bei der negativen Bewertung von Mitmenschen. Da genügt es eben, zu sagen: ›Ein guter Hahn wird selten fett‹ – ›Keine Rose ohne Dornen‹ – ›Auf vielbegangenem Rasen wächst kein Gras mehr‹ – ›Wenn es dem Esel zu wohl wird, geht er aufs Eis‹ – ›Stille Wasser gründen tief‹ – Getroffene Hunde bellen‹ – ›Wem der Schuh paßt, der zieht ihn sich an‹ – ›Neue Besen kehren gut‹ – ›Fett schwimmt allzeit oben‹ – ›Es ist kein Schmied so alt, er spricht noch gern von Eisen und Kohlen‹. Alles dies sind Sprichwörter, die zwar so, wie sie sprachlich formuliert sind, konkret stimmen, die aber so gut wie nie in dieser konkreten Weise angewandt werden, sondern durchgängig so, daß sie einen anderen Gedanken damit ausdrücken. Das traditionell vorgeprägte Sprichwort drückt manches besser aus, als man es selber formulieren könnte, und es verdeckt doch genügend, was man nicht direkt aussprechen will und soll.

Literatur:
Lipps, Hans, Metaphern, in: Deutsche Vierteljahrsschrift 12, 1934, 352-363.
Maaß, Karl, Über Metapher und Allegorie im deutschen Sprichwort, in: Programm des Wettiner Gymnasiums in Dresden, 1891, S. 1-23.
Maurer, Friedrich, Volkssprache, 1964.
Müller, Josef, Rede des Volkes, in: Deutsche Volkskunde, hrsg. von John Meier, 1926, S. 169-192.
Röhrich, Lutz, Gebärde-Metapher-Parodie. Studien zur Sprache und Volksdichtung, 1967, S. 50-63.
Seiler, Friedrich, Das deutsche Sprichwort, 1918, S. 39-47.
Seiler, Friedrich, Deutsche Sprichwörterkunde, 1922; 1967, S. 149-162.
Stroh, Fritz, Stil der Volkssprache, in: Hessische Blätter für Volkskunde 29, 1930, 119-139.
Taylor, Archer, The Proverb, Cambridge/Mass. 1931; Hatboro/Pa. 1962, S. 10-15.
Taylor, Archer, Locutions for ›never‹, in: Romance Philology, 2, 1948–49, 103–134.
Terner, Emil, Die Wortbildung im deutschen Sprichwort, 1908.
Will, Wilhelm, Die Volkssprache, in: Handbuch der deutschen Volkskunde, hrsg. von Wilhelm Peßler, 1934, Bd. 3, S. 301-321.
Wills, Wolfram, Der bildliche Ausdruck im Leitartikel der Tagespresse, in: Muttersprache 71, 1961, 97-108.

2. Stil und Formelhaftigkeit

Wichtigstes Stilmerkmal des Sprichworts ist seine schlagfertige Kürze und geschliffene Prägnanz. Sie wird nicht selten erreicht durch eine Art Telegrammstil, insbesondere durch Auslassung von Artikel, Verb und Relativpronomen (z. B. ›Ende gut – alles gut‹, ›Ehstand – Wehstand‹, ›Ein Mann – ein Wort‹, ›Ländlich – sittlich‹, ›Fettes Mägdlein - magere Frau‹). Trotz seiner Knappheit gibt das Sprichwort selten nur eine einfache Prosa-Aussage. Am häufigsten ist der endreimende Zweizeiler (›Was ich nicht weiß, macht mich nicht heiß‹, ›Wer den Pfennig nicht ehrt, ist des Talers nicht wert‹). Ebensohäufig ist der Einzeiler mit Binnenreim (›Eile mit Weile‹, ›Träume sind Schäume‹, ›Mitgefangen – mitgehangen‹, ›Borgen macht Sorgen‹, ›Außen hui – innen pfui‹, ›Würden sind Bürden‹, ›Je öller, je döller‹). Dabei gibt es zuweilen Reimverhältnisse und entsprechende Wortbildungen, die nur im Sprichwort vorkommen (z. B. ›Wie die Alten sungen, so zwitschern auch die Jungen‹, ›Im Dunkeln ist gut munkeln‹, ›Jedem Tierchen sein Pläsierchen‹). Andere Stilformen sind Schlagreim (›Trau – schau – wem‹), Pausenreim (›Not – kennt kein Gebot‹, ›Narrenhände – beschmieren Tisch und Wände‹, ›Schwiegermutter – ist des Teufels Unterfutter‹) oder sogar Schüttelreim (›Unter der schönsten Steppdecken kann der blödste Depp stecken‹, was schon ein lateinisches, bei Cicero bezeugtes Gegenstück hat: ›Saepe est etiam sub palliolo sordido sapientia‹; ›Lieber a Wanz’ am Krage, wia en Kranz am Wage!‹). Nicht wenige Sprichwörter arbeiten mit der Technik der Alliteration (›Gleich und gleich gesellt sich gern‹, ›Frisch gewagt, ist halb gewonnen‹, ›Allen wohl und niemand wehe‹, ›Drei W bringen uns viel Pein: Weiber, Würfelspiel und Wein‹; oder in Zwillingsformeln wie ›Mit Mann und Maus‹, ›Kind und Kegel‹). Stabreim und Endreim können auch kombiniert auftreten (›Glück und Glas, wie leicht bricht das!‹, ›Einem geschenkten Gaul schaut man nicht ins Maul‹, ›Hoffen und Harren hält manchen zum Narren‹, ›Wenn man den Wolf nennt, kommt er gerennt‹, ›Wenn das Wörtle wenn net wär, wär mei Vatter Millionär‹). Reim, Assonanz oder Stabreim dienen dazu, die Formulierung dem Gedächtnis einzuprägen und ihr Dauer zu verleihen. Andere Binnengruppierungen sind gegeben durch den Ablautreim (›Wer rastet, der rostet‹, ›Erst wägs, dann wags‹, ›Wer anderen eine Grube gräbt‹) oder durch Gemination (›Jugend will zu Jugend‹, ›Auge um Auge – Zahn um Zahn‹). Das Sprichwort zeigt gelegentlich auch eine Neigung zu Wortspielen (›Eifersucht ist eine Leidenschaft, die mit Eifer sucht, was Leiden schafft‹, ›Raste nie, doch haste nie; sonst haste die Neurasthenie‹, ›Keiner, der ertrinkt, schaut auf das Wasser, das er trinkt‹, schwäbisch: ›Mr goht zom Schmied, net zom Schmiedle‹), oder es macht sich den Gleichklang von Wörtern verschiedener Bedeutung (Annominatio) zunutze (›Alter macht weiß, aber nicht immer weis‹, ›Der Mensch ist, was er ißt‹). Gelegentlich entsteht ein Wortspiel durch den Wechsel des Präfixes (›*Vor*sicht ist besser als *Nach*sicht‹, ›Der Dumme *ver*urteilt, der Gescheite *be*urteilt‹, ›Wer sich *ent*schuldigt, *be*schuldigt sich‹). Einen Parallelismus mit einfacher Anapher zeigen die Sprichwörter ›Kommt Zeit, kommt Rat‹, ›Viel Köpfe, viel Sinne‹, ›Viel Feind, viel

Ehr‹, ›Pack schlägt sich, Pack verträgt sich‹, ›Andre Städtchen, andre Mädchen‹, ›Andere Zeiten – andere Sitten, andere Weiber - andere Titten‹ bzw. Epipher: ›Volkes Stimme – Gottes Stimme‹, ›Keine Nachricht – gute Nachricht‹, ›Ende gut – alles gut‹. Wo das Sprichwort Relativsätze benutzt, werden sie formelhaft gebraucht: ›Wer andern eine Grube gräbt, fällt selbst hinein‹, ›Wer im Dreck rührt, muß ihn auch riechen‹, ›Wer sich die Suppe eingebrockt hat, muß sie auch auslöffeln‹. Nicht selten ist auch der formelhafte Gebrauch irrealer Bedingungssätze: ›Wär kein Dieb, so wär kein Galgen‹, ›Wenn er so lang wäre wie dumm, könnte er aus der Dachrinne trinken‹, ›Wenn Dummheit weh täte, müßte er den ganzen Tag schreien‹. Gern greift das Sprichwort zu imperativischen Formulierungen: ›Eile mit Weile!‹, ›Was du heute kannst besorgen, das verschiebe nicht auf morgen‹.

Fast alle genannten Formen arbeiten mit einer Gegensatztechnik. Sie äußert sich schon in der Wahl von Wortkontrasten und Gegensatzpaaren: groß – klein, alt – neu, gut – schlecht, wenig – viel, kurz – lang, tief – hoch, süß – sauer, schwarz – weiß, heute – morgen, jung – alt, nah – fern, leicht – schwer, immer – nie, vorher – nachher etc. (z. B. ›Auch eine schwarze Kuh gibt weiße Milch‹, ›Iß viel – sprich wenig‹, ›Junge Huren, alte Betschwestern‹, ›Lange Haare – kurzer Verstand‹, ›Kleine Ursachen – große Wirkungen‹, ›Jung gewohnt – alt getan‹, ›Heute mir, morgen dir‹). Andere Kontrastbildungen arbeiten mit Substantiven oder Verben (›Was dem einen sin Uhl, ist dem andern sin Nachtigall‹, ›Verliebe dich oft, verlobe dich selten, heirate nie‹, ›Wie man in den Wald hineinruft, so schallt es heraus·). Oft gibt es eine überraschende Zusammenkoppelung heterogener Dinge (›Liebe und Husten läßt sich nicht verbergen‹, ›Umsonst ist der Tod, und der kostet's Leben‹, ›Alte Jungfern und sauer Bier, bewahre uns der Himmel dafür‹). Unvorhergesehene und unvermutete Zusätze schränken die Geltung des Sprichworts ein oder heben sie auf (›Der Zornige hat seine Sinne – bis auf fünf‹, ›Lerne was, so kannst du was – vergessen‹, ›Der liebe Gott erhält uns alle – aber doch manche verteufelt knapp‹, ›Recht bleibt Recht – aber man verdrehts gern‹, ›Reinlichkeit ist das halbe Leben – Schweinerei das ganze‹, ›Verstand kommt mit den Jahren – je älter, je dümmer‹). Das Sprichwort neigt überhaupt zu hyperbolischer Übertreibung, zur Drastik und Groteske (›Der Teufel scheißt immer auf den großen Haufen‹, ›Mit einem Arsch kann man nicht auf zwei Hochzeiten tanzen‹, ›Er sieht's der Kuh am Arsch an, was die Butter in Mainz kostet‹, ›Wer ein Pechvogel ist, bricht sich den Finger beim Nasbohren‹, ›Wenn die Mücke ein Hühnerei legt, ist es ihr Tod‹, ›Wenn es dem Esel zu wohl ist, geht er aufs Eis‹). Ähnlich auch in Redensarten

(›Den Bock zum Gärtner machen‹, ›Aus einer Mücke einen Elefanten machen‹, ›Wenn meine Großmutter Räder hätte [...] wär’ sie ein Omnibus‹ etc.). Gern arbeitet das Sprichwort auch mit scheinbarer Unlogik und Paradoxie (›Einmal ist keinmal‹, ›Ein Mann – kein Mann‹, ›Keine Antwort ist auch eine Antwort‹, ›Geteilte Freude ist doppelte Freude‹, ›Jedermanns Freund ist niemands Freund‹), mit reiner Ironie (›Der Hunger treibt’s rein – und wenn es Schweinebraten ist‹, ›Not lehrt Pfannkuchen essen‹ statt ›Not frißt Hobelspäne‹ oder ›Not lehrt beten‹) oder mit Hyperbolik (›Ein Kind kann mehr fragen, als ein Weiser antworten‹, ›Ein Narr kann mehr fragen, als sieben Weise sagen‹).

Literatur:

Boadi, Lawrence, The Language of the Proverb in Akan, in: African Folklore, hrsg. von Richard Dorson, Garden City/New York 1972, S. 183-191.

Čubelić, Tvrtko, The Characteristics and Limits of Folk Proverbs within the System and Structure of Oral Folk Literature, in: Proverbium 23, 1974, 909-914.

Golopentia-Eretescu, Sanda, Infinite Proverbs, in: Proverbium 15, 1970, 454-455.

Golopentia-Eretescu, Sanda, Paradoxical Proverbs, Paradoxical Words, in: Proverbium 17, 1971, 626-629.

Grambo, Ronald, Adynation Symbols in Proverbs, in: Proverbium 15, 1970, 456-458.

Halpert, Herbert, Some Forms of a Proverbial Rhyme, in: Journal of American Folklore 64, 1951, 317-319.

Heinze, Theodor, Die Alliteration im Munde des deutschen Volkes, 1882.

Henke, Käthe, Formale Aspekte des englischen Sprichworts, Diss. Kiel, 1966.

Henke, Käthe, Zur Form des englischen Sprichworts, in: Literatur in Wissenschaft und Technik 1, 1968, 190-197.

Holbek, Bengt, Proverb Style, in: Proverbium 15, 1970, 470-472.

Klimenko, Iwan, Das russische Sprichwort. Formen und konstruktive Eigentümlichkeiten, Bern 1946.

Permjakov, G. On Paremiological Homonymy and Synonymy, in: Proverbium 24, 1974, 941-943.

Rothstein, Robert A., The Poetics of Proverbs, in: Studies Presented to Professor Roman Jakobson, Cambridge/Mass. 1969, S. 265-274.

Seiler, Friedrich, Das deutsche Sprichwort, 1918, S. 47-54.

Seiler, Friedrich, Deutsche Sprichwörterkunde, 1922; 1967, S. 162-231.

Senaltan, Semahat, Studien zur sprachlichen Gestalt der deutschen und türkischen Sprichwörter, Diss. Marburg, 1968.

Szemerkenyi, Agnes, A Semiotic Approach to the Study of Proverbs, in: Proverbium 24, 1974, 934-936.

Szemerkenyi, Agnes und Vilmos Voigt, The Connection of Theme and Language in Proverb Transformations, in: Acta Ethnographica Academiae Scientiarum Hungaricae 21, 1972, 95-108.

Taylor, Archer, The Proverb, Cambridge/Mass. 1931; Hatboro/Pa. 1962, S. 5-10, 135-164.

Terner, Emil, Die Wortbildung im deutschen Sprichwort, 1908.

Weber-Kellermann, Ingeborg, Die Bedeutung des Formelhaften im volkstümlichen Denken, in: Völkerforschung, hrsg. von Wolfgang Steinitz, 1954, S. 187-199.

3. Struktur und Variabilität

Bei kaum einem anderen Genre der Folklore sind strukturalistische Forschungen so erfolgreich gewesen wie beim Sprichwort, denn es lassen sich bestimmte Bautypen (Formulae, frames, Strukturmodelle etc.) klar erkennen. Vor allem hat der finnische Forscher *Matti Kuusi* praktikable Vorschläge für die parömiologische Strukturanalyse und ihre Terminologie vorgelegt. Er schreibt: »Es gibt 3 Aspekte, nach denen man die Sprichwörter zu Gruppen zusammenfassen kann: 1. nach der Idee, 2. nach der Struktur, 3. nach dem Baukern. Sprichwörter mit der gleichen Idee sind synonyme Sprichwörter. Sprichwörter, die nach gleichem Schema gebildet sind, bilden strukturgleiche Sprichwörter. Sprichwörter, die sich um gleiche bzw. sinngleiche Bilder oder Wortfiguren gruppieren, sind baukerngleiche Sprichwörter.«

Bei den Bauformen des Sprichworts kann man zunächst Zweiwort-Figuren (›Eigenlob stinkt‹, ›Varietas delectat‹, ›Bargeld lacht‹) und Dreiwort-Figuren unterscheiden (›Rost frißt Eisen‹, ›Arbeit macht frei‹). Dem moralischen Anspruch des Sprichworts entsprechen häufig imperativische Formen (›Hilf dir selbst, so hilft dir Gott‹, ›Verliebe dich oft, verlobe dich selten, heirate nie!‹) und insbesondere die Formeln man soll, man muß, man darf (nicht) [...] (z. B. ›Man soll den Tag nicht vor dem Abend loben‹, ›Alte soll man ehren, Junge soll man lehren‹, ›Den Dieb soll man henken, die Hur ertränken‹, ›Man soll dem Ochsen, der da drischt, das Maul nicht verbinden‹, biblisch; und vielleicht gehört hierher auch das ›älteste deutsche Sprichwort‹: ›mit geru scal man geba infahan‹; althochdeutsches Hildebrandslied).

In sich ständig wiederholende Strukturmodelle und Satzmuster sind immer wieder neue Inhalte gegossen und damit sprichwörtlich geworden. Einige der wichtigsten und häufigsten Bauformen und Denkschablonen seien im folgenden skizziert:

A ist A (Tautologie): ›Dienst ist Dienst‹, ›Schnaps ist Schnaps‹, ›Genug ist genug‹, ›Kinder sind Kinder‹, ›Krieg ist Krieg‹, ›Geschäft ist Geschäft‹, ›Sicher ist sicher‹, ›Daheim ist daheim‹, ›Dahin ist dahin‹.

A bleibt A: ›Mark bleibt Mark‹, ›Ochs bleibt Ochs‹, ›Lump bleibt Lump‹, ›Berlin bleibt Berlin‹, ›Doof bleibt doof, da helfen keine Pillen‹.

A ist B (Identitätssatz): ›Zeit ist Geld‹, ›Träume sind Schäume‹, ›Würden sind Bürden‹.

Nicht alles ist A, was B: ›Nicht alles ist Gold, was glänzt‹, ›Es sind nicht alle Jäger, die das Horn blasen‹.

Nicht A ist B: ›Keine Antwort ist auch eine Antwort‹.

Ohne A kein B: ›Ohne Fleiß kein Preis‹, ›Kein Haus ohne Maus‹, ›Ohne Dornen keine Rosen‹, ›Ohne Glauben kein Glück‹, ›Ohne Verstand kein Geschäft‹.

A und B: ›Leben und leben lassen‹, ›Schenken und schenken lassen‹.

Erst A, dann B: ›Erst denken, dann handeln‹, ›Erst gurten, dann spurten‹.

Lieber (besser) A als B (formelhafter Komparativ): ›Lieber den Spatz in der Hand als die Taube auf dem Dach‹, ›Lieber eine Laus im Pott als gar kein Fleisch‹, ›Lieber rot als tot‹, ›Lieber ein schlechter Gewinner als ein guter Verlierer‹, ›Lieber fünf Minuten lang feige als ein Leben lang tot‹, ›Besser Unrecht leiden als Unrecht tun‹, ›Besser ein guter Freund als zehn Freunde‹, ›Besser ein Ende mit Schrecken als ein Schrecken ohne Ende‹, ›Besser spät als nie‹, ›Besser schlecht gefahren als gut gelaufen‹, ›Vorbeugen ist besser als heilen‹, ›Besser ein Haar in der Suppe als Suppe im Haar‹, ›Besser ein kinderloses Ehepaar, als ein eheloses Kinderpaar‹.

A ist größer als B: ›Seine Augen waren größer als der Mund‹ (vgl. *Wander* I, 326–335).

A ist die Wurzel von B: ›Geiz ist die Wurzel allen Übels‹, ›Faulheit ist die Wurzel allen Fortschritts‹.

A ist die Mutter von B: ›Repetitio est mater studiorum‹, ›Vorsicht ist die Mutter der Weisheit‹ (der Porzellankiste), ›Überfluß ist die Mutter der Langeweile‹, ›Unrecht ist des Rechts Mutter‹.

A ist nicht B: ›Aufgeschoben ist nicht aufgehoben‹.

Kein A ohne B: ›Keine Rose ohne Dornen‹, ›Kein Warum ohne Darum‹.

A erkennt man an B: ›Den Baum erkennt man an der Frucht‹. ›Den Narren erkennt man am Lachen‹, ›An der Rede erkennt man den Mann‹.

Wie A, so B: ›Wie der Herr, so's Gscherr‹, ›Wie die Zucht, so die Frucht‹, ›Wie die Alten sungen, so zwitschern auch die Jungen‹.

Wo A, da B: ›ubi bene – ibi patria‹, ›ubi Venus – ibi Syphilis‹.

Wo ein A, dort auch ein B: ›Wo ein Wille, da ein Weg‹, ›Wo eine Pille, da ein Bett‹.

Was A tut, tut B: ›Was sich liebt, das neckt sich‹, ›Was du heute kannst besorgen, das verschiebe nicht auf morgen‹, ›Wer sucht, der findet‹, ›Wer will, der kann‹.

A macht B: ›Gut macht Mut‹, ›Übung macht den Meister‹, ›Kleider machen Leute‹, ›Selber essen macht fett‹.

A macht nicht B: ›Eine Schwalbe macht noch keinen Sommer‹.

Alles heilt A: ›Zeit heilt Wunden‹, ›Musik heilt Wunden‹, ›Glaube heilt Wunden‹, ›Liebe heilt Wunden‹.

Alles tut A: ›Alles besiegt die Liebe – Omnia vincit amor‹, ›Geduld überwindet alles‹, ›Alles überwindet der Fleiß‹, ›Der Tod macht alles gleich‹.

Je [...] A, desto (je) [...] B (wobei das Prädikat meist entfällt): ›Je magrer der Hund, je fetter die Flöh'‹, ›Je kürzer der Rock, desto länger die Beichte‹.

Jeder A ist (tut, bewirkt) B: ›Jeder ist sich selbst der Nächste‹, ›Jeder ist seines Glückes Schmied‹, ›Jedem Vogel gefällt sein Nest‹.

Wie man A, so man B: ›Wie man sich bettet, so liegt man‹, ›Wie man plant, so fährt man‹, ›Wie man sich fettet, so riecht man‹.

A schützt nicht vor B: ›Alter schützt vor Torheit nicht‹, ›Unkenntnis schützt vor Strafe nicht‹.

Neben der Oberflächenstruktur läßt sich auch eine Art Tiefenstruktur des Sprichworts ermitteln, und gerade hier zeigt sich die Variabilität innerhalb der vorgegebenen traditionellen Strukturmuster. Das Schema ›A hat Ohren‹ läßt sich beispielsweise ganz verschieden auffüllen: ›Wände haben Ohren‹, ›Mauern haben Ohren‹, ›Die Nacht hat Ohren‹, ›Winde haben Ohren‹, ›Das Fenster, das Dach, die Bänke, der Busch, die Erde usw. hat Ohren‹. Alle diese verschiedenen Formulierungen meinen jedoch das gleiche: Vorsicht ist geboten, denn überall kann jemand dein Geheimnis erfahren! Daneben gibt es aber auch noch eine andere Gruppe: ›Kleine Kessel haben große Ohren‹, ›Kleine Mücken haben Ohren‹, ›Kleine Mäuse haben auch Ohren‹ etc. Mit diesen Sprichwörtern weist man auf horchende Kinder hin. Die Gruppen ›Wände haben Ohren‹ und ›Kleine Töpfe haben Ohren‹ haben also durchaus verschiedenen Sinnbildcharakter, obwohl sie strukturell gleich sind.

Ein anderes Beispiel für die Variationsbreite einer und derselben inhaltlichen Idee bieten die Sprichwörter, in denen vom Verhältnis eines einzelnen zu einer Mehrzahl die Rede ist, z. B. ›Einzelne Hähne frißt der Fuchs‹, ›Auf einem Bein kann man nicht stehen‹, ›Der Fuchs hat mehr als ein Loch‹, ›Zwei Hunde an einem Bein kommen selten überein‹, ›Man kann nicht mit einem Arsch auf zwei Hochzeiten tanzen‹, ›Zwei Fliegen mit einer Klappe schlagen‹. Es ist einsichtig, daß die gleiche Sprichwörterstruktur ganz verschiedene Bedeutungen und Funktionen gezeigt hat.

Das Sprichwort geht selten über den Zweizeiler hinaus, sog. Viel-sprüche sind selten (z. B. ›Ein Schreiber ohne Feder, ein Schuster ohne Leder, ein Kaufmann ohne Geld, sind die größten Gauner auf der Welt‹). Mit dem Vielspruch ist meist die Gattung des Sprich-worts verlassen und der Spruch, Priamel etc. erreicht.

Da das Sprichwort oft rhythmisch gegliederte Prosa ist, zeichnen sich bestimmte rhythmische Strukturen deutlich ab:

Zweihebigkeit: Gut macht Mut (´ ∪ ´)

Daktylische Formen:

›Irren ist menschlich‹ (´ ∪ ∪ ´ ∪)

›Was ich nicht weiß, macht mich nicht heiß‹ (´ ∪ ∪ ´)

Alternieren von betonten und unbetonten Silben:

›Bei Nacht sind alle Katzen grau‹ (∪ ´ ∪ ´ ∪ ´ ∪ ´)

›Wer Gott vertraut, hat wohl gebaut‹

›Nach getaner Arbeit ist gut ruhn‹ (´ ∪ ´ ∪ ´ ∪ ´ ∪ ´)

Oft leistet sich das Sprichwort aber auch eine enorme Füllungsfrei-heit der Takte:

›Hab acht vor den Katzen, die vorne lecken und hinten kratzen‹,

›Mai feucht und naß, füllt dem Bauern Scheur und Faß‹.

Literatur:

Arora, Shirley, »El que nace para tamal...«: A Study in Proverb Patterning, in: Folklore Americas 28, 1968, 55-79.

Barley, Nigel, A structural approach to the Proverb and Maxim, in: Prover-bium 20, 1972, 737-750.

Dölker, Helmut, Sprichwörter – Vergleichbares verschieden gesagt, in: Dona Ethnologica, Beiträge zur vergleichenden Volkskunde, Leopold Kretzenbacher zum 60. Geburtstag, 1973, S. 330-339.

Dundes, Alan, On the Structure of the Proverb, in: Proverbium 25, 1975, 961-973, reprint in: Analytic Essays in Folklore (Studies in Folklore 2), The Hague – Paris 1975, 103-118.

Hand, Wayland D., A Classical Proverb-Pattern in Germany, in: Journal of English and Germanic Philology 36, 1937, 224-233.

Jiga, Caius T., Sur la typologie sémantique de quelques proverbes dans les langues romanes, in: Actele celui de-al XII-lea congres international de linguistică şi filologie romanică, Bucuresti 1970, Bd. 1, S. 169-177.

Kuusi, Matti, Ein Vorschlag für die Terminologie der parömiologischen Strukturanalyse, in: Proverbium 5, 1966, 97-104.

Kuusi, Matti, Towards an international Type-System of proverbs (FFC 211), Helsinki 1972 = Proverbium 19, 1972, 699-735.

Kuusi, Matti, Tiefenstruktur und Oberflächenstruktur in der Parömiologie, in: Proverbium 23, 1974, 920-928.

Levin, Maurice I., The Structure of the Russian Proverb, Cambridge/Mass. 1968.

Lüthi, Max, Das Paradox in der Volksdichtung, in: Volksliteratur und Hochliteratur, 1970, 181-197.

Mahgoub, Fatma M., A Linguistic Study of Cairene Proverbs, Blooming-ton/Indiana 1968.

Makkai, Adam, Idiom Structure in English, The Hague 1972, S. 124-134.

Maranda, Pierre and *Elli Köngäs Maranda,* Structural Analysis of Oral Tradition, Philadelphia/Pa. 1971.

Mieder, Wolfgang, Das Sprichwort in unserer Zeit, Frauenfeld 1975, S. 62-71.

Milner, George, De l'armature des locutions proverbiales: Essai de taxonomie sémantique, in: L'Homme 9, 1969, 49-70.

Milner, George, Quadripartite Structures, in: Proverbium 14, 1969, 379-383.

Milner, George, The Quartered Shield: Outline of a Semantic Taxonomy, in: Social Anthropology and Language, hrsg. von Edwin Ardener, London 1971, S. 243-269.

Milner, George, What is a Proverb, in: New Society 332, 1969, 199-202.

Neumann, Siegfried, Zur Terminologie der parömiologischen Strukturanalyse, in: Proverbium 6, 1966, 130.

Permjakov, G., Der logisch-semiotische Aspekt der Sprichwörter und Redensarten, in: Proverbium 10, 1968, 225-235.

Pilorz, Alfons, Le proverbe et la locution considérés dans leur structure syntaxique, in: Roczniki Humanistyczne 12, 1964, 69-80.

Priebe, Richard, The Horses of Speech: A Structural Analysis of the Proverb, in: Folklore Annual (Texas) 3, 1971, 26-32.

Riesel, Elise, Stilistik der deutschen Sprache, Moskau 1959.

Röhrich, Lutz, Gebärde, Metapher, Parodie. Studien zur Sprache und Volksdichtung, 1967.

Röhrich, Lutz, Lexikon der sprichwörtlichen Redensarten, 2 Bde., 4. Aufl. 1976.

Ströbele, Eugen, X ist die Mutter von Y, in: Proverbium 15, 1970, 120-121.

Taylor, Archer, The History of a Proverbial Pattern, in: Classical, Mediaeval and Renaissance Studies in Honor of Berthold Louis Ullman, hrsg. von Charles Henderson, Rome 1964, Bd. 2, S. 483-489.

Taylor, Archer, The Proverb, Cambridge/Mass. 1931; Hatboro/Pa. 1962, bes. 16-27.

Taylor, Archer, The Proverbial Formula: Man soll, in: Zeitschrift für Volkskunde 40, 1930, 152-156.

Voigt, Vilmos, Les niveaux des variantes de proverbes, in: Acta Linguistica Academiae Scientiarum Hungaricae 20, 1970, 357-364.

Voigt, Vilmos, Variantenschichten eines ungarischen Proverbiums, in: Proverbium 15, 1970, 541-544.

1. Sprichwörter und Redensarten als Lebensspiegel. Kulturgeschichtliche Hintergründe in Arbeit, Brauch und Volksglauben

Die Erforschung des Sprichworts und insbesondere der sprichwörtlichen Redensarten ist eines der reizvollsten Gebiete der Sprachforschung und Volkskunde wegen der vielfachen Aufschlüsse, die in kulturgeschichtlicher Hinsicht daraus zu entnehmen sind. Viele Sprachbilder entstammen einer recht fernen Vergangenheit, deren Lebensumstände und Gewohnheiten uns fremd oder geradezu unverständlich geworden sind. Aus den verschiedensten Bezirken des Lebens sind sie in die allgemeine Sprache eingemündet, und so finden wir alle nur möglichen Kulturschichten in sprachlicher Ablagerung: Kauf und Handel, Landarbeit und Handwerk, Schiffahrt und Seemannsleben aller Zeiten haben im Sprichwort- und Redensartenschatz ihren Niederschlag gefunden. Einen wesentlichen Anteil haben dabei die sog. Standessprachen, insbesondere die bestimmter Handwerksgruppen, des Handels und Kaufmannswesens. Berufsständische Eigenprägungen sind aus fast allen Lebensbereichen in die allgemeine Sprache übernommen worden, insbesondere aus dem Handwerk, z. B.: ›jemandem ins Handwerk pfuschen‹, ›Der Stümper macht die meisten Späne‹, ›sein Bündel schnüren‹ (gemeint ist das Paket der Habseligkeiten, das die wandernden Gesellen bei sich trugen), ›auf der Walz sein‹, ›blauen Montag machen‹, ›Lehrgeld zahlen‹, ›Klappern gehört zum Handwerk‹. Durch die Übertragung von berufsspezifischen Wendungen auf andere Lebensbereiche sind allerdings Verallgemeinerungen und Bedeutungsveränderungen eingetreten.

Aus der Welt des *Schmiedes* kommt: ›Jeder ist seines Glückes Schmied‹, ›zum Schmied und nicht zum Schmiedchen gehen‹, ›das Eisen schmieden, solange es heiß ist‹, ›Hammer oder Amboß sein‹, ›Nägel mit Köpfen machen‹, ›in einer Sache gut beschlagen sein‹, ›Ränke schmieden‹, ›vor die rechte Schmiede kommen‹; vom *Schuhmacher:* ›Schuster, bleib bei deinem Leisten‹, ›alles über einen Leisten schlagen‹, ›wissen, wo einen der Schuh drückt‹, ›umgekehrt wird ein Schuh draus‹; vom *Schneider:* ›Herein, wenns kein Schneider ist‹; vom *Bäcker:* ›das Bäckerexamen machen‹, ›abgehen wie warme Semmeln‹, ›kleine Brötchen backen‹, ›das geht wie's Brezelbacken‹; vom *Müller:* ›das ist Wasser auf seine Mühle‹. Auf andere *Handwerker* beziehen sich: ›jemanden über den Löffel balbieren‹, ›saufen wie ein Bürstenbinder‹, ›einen Metzgersgang tun‹, ›denken wie Goldschmieds Junge‹ (eine Art Götz von Berlichingen-Wendung des 17. und 18. Jhs.), ›aufpassen wie ein Heftelmacher‹; vom *Bergmann* kommt: ›eine Schicht feiern‹ (auch: ›eine schlaue Schicht fahren‹: wenig arbeiten), ›eine Kluft tut sich auf‹, ›etwas herausschlagen‹, ›die Sache nimmt einen guten Gang‹, ›ein Eigengrübler sein‹; vom *Winzer:* ›einen vollen (armen, schlechten) Herbst machen‹, ›er säuft sich durch ein Fuderfaß‹, ›sich das Kellerrecht ausbehalten‹, ›einem reinen Wein einschenken‹, ›den Wein taufen‹. Aus der Welt des *Handels* und des *Kaufmannswesens* kommen die Redensarten: ›ein Ausbund von Tugend‹, ›in Kauf nehmen‹, ›Kapital aus etwas schlagen‹, ›ein Mann von echtem Schrot und Korn‹, ›seine Worte auf die Goldwaage legen‹, ›etwas auf dem Kerbholz haben‹. Ebenso häufig sind die Redensarten aus dem Bereich der *Schiffahrt* und des *Seemannslebens,* z. B.: ›mit jemand im selben Boot sitzen‹, ›ans Ruder kommen‹, ›das Steuer herumwerfen‹, ›mit vollen Segeln fahren‹, ›einen ins Schlepptau nehmen‹, ›etwas vom Stapel lassen‹, ›einem den Wind aus den Segeln nehmen‹, ›in den Hafen der Ehe einlaufen‹. Zur Sprache der *Schule, Kirche* und des *Gottesdienstes* gehören: ›einem die Leviten lesen‹, ›jemanden ins Gebet nehmen‹, ›es ist mit ihm Matthäi am letzten‹. An repressive *pädagogische Maßnahmen* früherer Zeiten erinnert: ›einen Denkzettel kriegen‹. Aus der *Soldatensprache* und der Terminologie des *Kriegswesens* kommen die Redensarten: ›grobes Geschütz auffahren‹, ›wie aus der Pistole geschossen‹, ›wie eine Bombe einschlagen‹, ›einen unter Beschuß nehmen‹, ›eine Scharte auswetzen‹, ›Lunte riechen‹, ›in die Bresche springen‹. Nicht zuletzt hat die *bäuerliche Welt* so manche redensartlichen Ausdrücke beigesteuert: ›leeres Stroh dreschen‹, ›durch die Hechel ziehen‹ (›durchhecheln‹), ›einem zeigen, was eine Harke ist‹.

Viele Redensarten beziehen sich auf *Jagd* und *Vogelstellerei* und erinnern an alte Methoden beim Aufspüren, Hetzen, Überlisten, Fangen und Erlegen des Wildes: ›auf den Busch klopfen‹, ›alle Schliche kennen‹, ›einem auf die Sprünge helfen‹, ›auf der richtigen Fährte sein‹, ›zu Paaren treiben‹, ›ins Garn gehen‹, ›auf den Leim gehen‹, ›wissen, wohin der Hase läuft‹, ›mit allen Hunden gehetzt sein‹, ›durch die Lappen gehen‹, ›das Hasenpanier ergreifen‹, ›einem das Fell über die Ohren ziehen‹, ›jem. zur Strecke bringen‹, ›aufpassen wie ein Schießhund‹. Ein nicht geringer Teil von sprichwörtlichen Redensarten hat seinen Ursprung im *brauchtümlichen Volksleben.* Dazu gehören z. B. die heutigem Verständnis sonst ganz unverständlich gewordenen Wendungen wie: ›unter die Haube kommen‹, ›das Fell versaufen‹, ›blauen Montag machen‹, ›in den April schicken‹, ›unter einer Decke stecken‹, ›nicht viel Federlesens machen‹. Viele Redensarten stammen von Sport und Spiel, insbesondere vom *Kartenspiel:* ›die Karten aufdecken‹, ›sich nicht in die Karten gucken lassen‹, ›die Trümpfe in der Hand behalten‹, ›alles auf eine Karte setzen‹. Andere Redensarten haben ihre Entsprechung in *Hand-, Kopf-* oder *Fuß-Gebärden,* d. h. sie sind als Gesten wirklich einmal ausgeführt worden, z. B.: ›durch die Finger sehen‹, ›ätsch Gäbele‹ u. a. Die ›Sprachgebärde‹ tritt in diesen Fällen an die Stelle der Gebärdensprache; die Redensart ist oft ein relikthafter Ersatz der Geste.

Schon *Friedrich Seiler* hat in seiner »Deutschen Sprichwörterkunde« und ebenso W. *Gottschalk* in seinem Buch über »Die sprichwörtlichen Redensarten der französischen Sprache« den Bestand an Redensarten aufgeteilt nach den Lebens- und Kulturbereichen, denen sie entnommen sind. Kapitelüberschriften heißen etwa: ›Der

Mensch und sein Körper‹, ›Die Nahrung des Menschen‹, ›Die Kleidung des Menschen‹, ›Jagd‹, ›Kriegs- und Ritterwesen‹, ›Rechts- und Gerichtswesen‹, ›Dorf und Stadt‹ usw. Solche Zuordnungen sind natürlich oft sehr problematisch, vor allem dann, wenn die Zuweisung zu bestimmten Lebensgebieten aufgrund des Befundes der heutigen Umgangssprache und mit Hilfe unseres heutigen Bewußtseins erfolgt und nicht durch entsprechende historische Belege gesichert ist. Groß ist z. B. die Zahl der Redensarten, die man auf die ritterliche Kultur des Mittelalters zurückgeführt hat. Namentlich das *Turnier-* und *Kampfwesen* hat den Bildbereich für viele Redensarten abgegeben, z. B.: ›für jemand eine Lanze brechen‹, ›einem den Steigbügel halten‹, ›mit offenem Visier kämpfen‹, ›einen aus dem Sattel heben‹, ›einen in Harnisch bringen‹, ›etwas im Schilde führen‹, ›den Spieß umkehren‹, ›einem den Fehdehandschuh hinwerfen‹ und viele andere.

Sicherlich beziehen sich solche Redensarten auf mittelalterliche Kampf- und Turniersitten, doch gehen sie in den meisten Fällen nicht unmittelbar darauf zurück. Vielmehr handelt es sich um sprachliche Neubildungen einer späteren Zeit. Die Erstbelege für diese Wendungen tauchen häufig so spät auf, daß erst die Mittelalterbegeisterung der Romantik und der Historismus des 19. Jhs. sie populär gemacht haben können. Ein bildhafter Ausdruck wie ›jemand auf den Schild erheben‹ ist z. B. eine ganz späte Redensart, auch wenn sie archaisch anmutet und einem heroischen Zeitalter zu entstammen scheint. Gerade wo man gar Widerspiegelungen altgermanischer Lebensgewohnheiten in sprichwörtlichen Redensarten gesucht hat, lassen sich meist noch viel weniger unmittelbare Abstammungen nachweisen. Vielmehr sind manche derartigen Redensarten, wie z. B. ›auf der Bärenhaut liegen‹ erst um 1500 in humanistischen Kreisen geprägt worden, als sich die Forschung mit der Schilderung germanischer Sitten beschäftigte und die ›Germania‹ des Tacitus neu entdeckt wurde. Aber das Problem liegt noch tiefer: Der Herkunftsbereich der sprachlichen Bilder muß nicht unbedingt auch der Ort ihrer urspünglichen redensartlichen Funktion sein. Hat wirklich ein Hirte zuerst die Redensart vom ›Schäfchen‹ gebraucht, das ›ins Trockene gebracht wird‹, oder war es vielleicht doch eher ein Kaufmann? Fragen dieser Art sind von *Gottschalk, Singer, Borchardt-Wustmann, Seiler* u. a. noch gar nicht aufgeworfen worden. Eine Redensart braucht jedenfalls geschichtlich nicht der Zeit des Kulturgutes anzugehören, das ihr Wortlaut enthält und auf das sie abzielt. Die Redensart ›seine Zelte abbrechen‹ entstammt z. B. nicht einem frühzeitlichen Nomadenleben, sondern ist erst eine Prägung des 20. Jhs. Die Herkunft des sprachlichen Bildes sagt also noch nichts über Anwendung, Gebrauch und Funktion der Redensart aus. Viel interessanter ist hierbei die Frage: Wo taucht die Redensart zuerst außerhalb ihres Bildbereiches auf, d. h. wo ist sie denn nun zum erstenmal ›sprichwörtlich‹? Wie lebendig oder verblaßt ist dabei das Bildbewußtsein? Die Wendung ›am Zuge sein‹ gehört dem Wortschatz des Schachspielers an. Daran denkt man jedoch heutzutage nicht mehr bei einer Zeitungsschlagzeile wie etwa ›Jetzt ist Bonn am Zuge‹. Wenn ein Spion der Polizei ›durch die Lappen gegangen‹ ist, denkt niemand mehr an ein Jägerfachwort.

Alle Zeiten haben ihre Spuren im Sprichwort- und Redensartenschatz hinterlassen, und auch in der Moderne ist neben dem Absterben von älterem überlebtem Wortgut noch ein starker Zuwachs an neuem und neuestem zu beobachten. Nicht immer sind die Quellen trotz aller Gegenwartsnähe leicht zu ermitteln. Fernsehen, Film, moderne Theaterstücke, Operette und Musicals, triviale Romane und humoristische Schriften sind zweifellos wichtige Verbreitungsmedien. Leichter erkennbar sind Redensarten, die ihre Entstehung erst der technischen Welt verdanken, z. B.: ›auf Draht sein‹, ›auf der Leitung stehen‹, ›höchste Eisenbahn‹, ›Dampf ablassen‹, ›eine neue Platte auflegen‹, ›Sand ins Getriebe streuen‹, ›grünes Licht für ein Unternehmen geben‹, ›100 000 auf dem Buckel haben‹, ›die Pupille auf Null drehen‹, ›keine Antenne für etwas haben‹. Allenthalben zeigt sich auch in der Wandlung des Sprichwort- und Redensartenschatzes die Technisierung der Sprache.

Literatur:

Abrahams, Roger D., A Rhetoric of Everyday Life: Traditional Conversational Genres, in: Southern Folklore Quarterly, 32, 1968, 44-59.

Bouissou, R., Medizinische Sprichwörter, in: Weltgesundheit, Juli 1971, 2-26.

Carey, Claude, Les proverbes érotiques russes, The Hague 1972.

Carl, Helmut, Unsere Haustiere in sprichwörtlichen Redensarten, in: Muttersprache 72, 1962, 333-339.

Cock, Alfons de, Spreekwoorden en zegswijsen, afkomstig van oude gebruiken, Gent 1908.

Cock, Alfons de, Spreekwoorden en zegswijsen over de vrouwen, de liefde en het huwelijk, Gent 1911.

Cock, Alfons de, Spreekwoorden, zegswijsen en uitdrukkingen op volksgeloof berustend, 2 Bde., Antwerpen 1920-1922.

Eckart, Rudolf, Stand und Beruf im Volksmund. Eine Sammlung von Sprichwörtern und sprichwörtlichen Redensarten, 1900.

Elmquist, Russell A., English Medical Proverbs, in: Modern Philology 32, 1934-1935, 75-84.

Forster, E., The Proverb and Superstition Defined, Diss. Philadelphia/Pa. 1970.

Gottschalk, Walter, Die sprichwörtlichen Redensarten der französischen Sprache, 1930.

Grabner, Elfriede, »Rotes Haar und roter Bart...« Redensart, Volksmedizin und Volksmeinung um die Rothaarigen, in: Schweizer Volkskunde 53, 1963, 10-20.

Grober-Glück, Gerda, Zur Verbreitung von Redensarten und Vorstellungen des Volksglaubens, in: Zeitschrift für Volkskunde 58, 1962, 41–71.

Grober-Glück, Gerda, Motive und Motivationen in Redensarten und Meinungen, 2 Bde., 1974.

Gruttmann, Felicitas, Ein Beitrag zur Kenntnis der Volksmedizin in Sprichwörtern, Redensarten und Heilsegen des englischen Volkes, 1939.

Hackmann, Bärbel, Diätetik und Physiologie im Spiegel des Sprichwortes, Diss. Münster 1964.

Hand, Wayland D., Folk Beliefs in Proverbial Form, in: Proverbium 15, 1970, 464-466.

Hentig, Hans, Physiognomik im Sprichwort, in: Archiv für Kriminologie 80, 1927, 136-144.

Köhler, Carl, Das Tierleben im Sprichwort der Griechen und Römer, 1881; 1967.

Kradolfer, J. Der Volksglauben im Spiegel des deutschen Sprichworts, 1880.

Linder, Gisela, Zahnheilkundliches in deutschen Sprichwörtern und Redensarten, Diss. Köln 1938.

Müller, Jos., Der Bauer im Spiegel des rheinischen Sprichwortes, in: Zeitschrift des Vereins für rheinische und westfälische Volkskunde 15, 1918, 88-102.

Narr, Dieter, Zum Euphemismus in der Volkssprache. Redensarten und Wendungen um »tot«, »Tod« und »sterben«, in: Württembergisches Jahrbuch für Volkskunde 2, 1956, 112-119.

Ries, Hubert: Leben und Tod. Ärztliche Sprichwörter, München 1964.

Roers, Hermann, Ärztliches in Sprichwörtern und Redensarten der Holländer und Flamen unter bes. Berücksichtigung der Zahnheilkunde, 1938.

Röhrich, Lutz, Gebärde, Metapher, Parodie, 1967.

Röhrich, Lutz, Lexikon der sprichwörtlichen Redensarten, 2 Bde. 4. Aufl. 1976.

Röhrich, Lutz und *Meinel, Gertraud,* Redensarten aus dem Bereich der Jagd und der Vogelstellerei, in: Et multum et multa. Festgabe für Kurt Lindner, Berlin - New York 1971, 313-323.

Röhrich, Lutz und *Meinel, Gertraud,* Redensarten aus dem Bereich von Handwerk und Gewerbe, in: Alemannisches Jahrbuch 1971/72, 163-198.

Rooth, Anna Birgitta, Domestic Animals and Wild Animals as Symbols and Referents in the Proverbs, in: Proverbium 11, 1968, 286-288.

Seiler, Friedrich, Das deutsche Sprichwort, 1918, S. 68-69.

Seiler, Friedrich, Deutsche Sprichwörterkunde, 1922; 1967, S. 243-285, 303-413.

Steinbart, Hiltrud, Arzt und Patient in der Geschichte, in der Anekdote, im Volksmund, 1970.

Taylor, Archer, The Proverb, Cambridge/Mass. 1931; Hatboro/Pa. 1962, S. 66-134.

Wildhaber, Robert, Volkstümliche Auffassungen über den Wirbelwind in Europa, in: Mitteilungen der Anthropologischen Gesellschaft in Wien 100, 1970, 397-415.

Willberg, Max, Die Musik im Sprachgebrauch, in Sprichwörtern, in Redensarten, im Schrifttum, in: Muttersprache 73, 1963, 201-221.

Willberg, Max, Wort- und Spruchgut um Liebe und Ehe, in: Muttersprache 74, 1964, 74-83, 110-119, 140-149.

Wolf, Herbert, Studien zur deutschen Bergmannssprache (Mitteldeutsche Forschungen 11), 1958.

2. Spiegelt das Sprichwort den ›Nationalcharakter‹?

Unter den mannigfaltigen Abhandlungen zum Sprichwort befinden sich auch zahlreiche Studien vom Typ »Das Volk X im Spiegel seiner Sprichwörter«, worin Sprichwörter als volkscharakterologische Aussagen aufgefaßt werden. Meistens handelt es sich dabei um nichts anderes als bloße Zusammenstellungen von Sprichwörtern, die als ›Spiegel der Volksseele‹ angeblich den Charakter der ganzen Nation in gängiger Münze enthalten. Selbst bei Goethe steht der Ausspruch:

> Sprichwort bezeichnet Nationen;
> Mußt aber erst unter ihnen wohnen.
>
> (Sprichwörtlich)

Darin wird allerdings einschränkend bereits auf die Unzulänglichkeit des Sprichworts als umfassender Ausdruck der Geisteshaltung und Lebensweise der Bevölkerung eines Landes hingewiesen. Überhaupt ist die größte Vorsicht bei solchen Sprichwortbeiträgen zur Völkerpsychologie geboten, weil sie oft auf stereotypen Vorurteilen und fälschlichen Verallgemeinerungen beruhen.

Wenn z. B. Sprichwörter wie ›Ehrlich währt am längsten‹ und ›Ohne Fleiß kein Preis‹ als Ausdrücke für die angeblich typisch deutschen Charaktereigenschaften der Ehrlichkeit und der Strebsamkeit hingestellt werden, so läßt ein kurzer Blick in das Sprichwortgut anderer Sprachen erkennen, daß diese Sprichwörter weit über das deutsche Sprachgebiet hinaus verbreitet sind. Sie können also gar nicht als Bezeichnung speziell deutscher Eigenschaften ausgelegt werden. Das gilt auch für die vielen internationalen Sprichwörter, die aus der griechisch-römischen Antike, der Bibel und dem Mittelalter überliefert sind. Bevor man auch nur ein Sprichwort als typisch deutsch hinstellen kann, müssen an Hand einer monographischen Untersuchung zuerst seine Quelle und seine Überlieferung belegt werden. Auch wenn sich das Sprichwort dann als nur dem deutschen

Sprachgebrauch eigenes Sprichwort erweisen sollte, müßte durch demoskopische Untersuchungen seine allgemeine Verbreitung und Geläufigkeit in Deutschland nachgewiesen werden, um Schlüsse über den deutschen Volkscharakter zuzulassen. Da solche Vorstudien für jedes Sprichwort durchgeführt werden müßten, stellt sich eine wissenschaftlich fundierte Untersuchung als sehr schwierig heraus.

Ähnlich verhält es sich auch mit den Sprichwörtern, die sich schon vom Wortlaut her auf ein bestimmtes Land und seine Bevölkerung beziehen, wie z. B. ›Deutscher Mann, Ehrenmann‹ oder ›Deutsch mit jemandem reden‹. Auch diese haben oft ihre direkten Entsprechungen in anderen Sprachen. Problematisch sind allerdings auch die sprichwörtlichen Ortsneckereien (blason populaire), die sich zwar speziell auf die Bevölkerung gewisser Landschaften oder Orte beziehen, trotzdem aber meist nur stereotype Vorurteile ohne psychologische Basis enthalten. So gilt das Sprichwort ›Die Schwaben werden vor dem vierzigsten Jahre nicht gescheit‹ bestimmt nicht für alle Schwaben und auch das Sprichwort ›Ein Preuße bezwingt drei Sachsen‹ nicht für alle Preußen. Vielmehr handelt es sich hier um ironisch-parodistische Zerrbilder, die nur ›cum grano salis‹ aufzufassen sind.

Isidor Levin hat überzeugend dargestellt, daß eine volkscharakterologische, psychologische Interpretation von Sprichwörtern nur mit Hilfe der Meinungsforschung durchführbar ist, wozu eine nähere Zusammenarbeit von Soziologen und Volkskundlern vonnöten wäre. Bisher sind solche Forschungen nicht durchgeführt worden, und die vorliegenden Schriften sind wegen ihrer unwissenschaftlichen Methodik meist nichts als Kuriositätensammlungen.

Literatur:

Becker, Gottlieb Theodor, Das Sprichwort in nationaler Bedeutung, in: Programm des Gymnasiums zu Wittenberg, 1851, S. 1-24.

Berneker, Erich, Das russische Volk in seinen Sprichwörtern, in: Zeitschrift des Vereins für Volkskunde 14, 1904, 75-87 und 179-191.

Dundes, Alan, Slurs International: Folk Comparisons of Ethnicity and National Character, in: Southern Folklore Quarterly 39, 1975, 15-38.

Esser, Wilhelm Martin, Deutsch-französische Parallelen in Redewendung, Sprachbild und Sprichwort. Beobachtungen zu den Schwierigkeiten einer nationalen Charakteristik, in: Muttersprache 79, 1969, 204-217.

Gerbel, Nikolaus von, Nationale Sprüchworter der Franzosen, in: Das Ausland 43, 1870, 93-95 und 44, 1871, 227-229.

Kirchner, Oswald Robert, Parömiologische Studien, Teil 1, 1879, S. 15-20.

Kradolfer, J., Das italienische Sprichwort und seine Beziehungen zum Deutschen, in: Zeitschrift für Völkerpsychologie 9, 1877, 185-271.

Küffner, Georg, Die Deutschen im Sprichwort, 1899.

Levin, Isidor, Überlegungen zur demoskopischen Parömiologie, in: Proverbium 11, 1968, 289-293 und 13, 1969, 361-366.

Reinsberg-Düringsfeld, Otto von, Internationale Titulaturen, 1863.

Robinson, F. N., Irish Proverbs and Irish National Character, in: Modern Philology 43, 1945, 1-10.

Schoeps, Hans-Joachim, Ungeflügelte Worte, 1971, S. 162-171.

Seiler, Friedrich, Das deutsche Sprichwort, 1918, S. 58-64.

Seiler, Friedrich, Deutsche Sprichwörterkunde, 1922; 1967, S. 285-303.

Taylor, Archer, The Proverb, Cambridge/Mass. 1931; Hatboro/Pa. 1962, S. 97-109, 164-168.

Thierfelder, Franz, Sprich- und Schlagwörter zwischen den Völkern, in: Welt und Wort 11, 1956, 369-370, 373.

Venedey, Jacob, Die Deutschen und Franzosen nach dem Geiste ihrer Sprachen und Sprichwörter, 1842.

3. Rechtssprichwort

Sprichwörter und Redensarten, die aus dem Rechtsleben in die allgemeine Umgangssprache eingeflossen sind, gehören fast alle dem älteren Recht an. Insbesondere enthalten die sprichwörtlichen Redensarten häufig Anspielungen auf einstige Rechtspraktiken, die in der Gegenwartssprache zu altertümlichen und unverständlichen Sprachelementen geworden sind. Z. B. hat die Wendung ›Jemand mundtot machen‹ nichts mit dem Mund als Sprechorgan zu tun, sondern gehört zu ›munt‹, der Schutzgewalt über freie Menschen, wie sie noch in den Worten ›Mündel‹ und ›Vormund‹ weiterlebt. ›Jemand mundtot machen‹ meint also: ihn entmündigen. Auf alte Formen und Bräuche des Eigentumsrechtes weisen sprichwörtliche Redensarten wie ›etwas in Besitz nehmen‹, ›Besitz ergreifen‹, ›den Stuhl vor die Tür setzen‹. Mit der Redensart ›etwas auf die lange Bank schieben‹ war ursprünglich die Truhenbank als Vorläuferin des Aktenschrankes gemeint. ›Unter einer Decke stecken‹ bezieht sich auf die Öffentlichkeit der Beschreitung des Brautbettes unter Zeugen: Sobald eine Decke das Paar beschlug, galt die Ehe als rechtskräftig angetreten (auch im Sprichwort: ›Ist das Bett beschritten, ist das Recht erstritten‹). ›In Bredouille kommen‹ meint ursprünglich das perduellium, den gerichtlichen Zweikampf. Das Rechtssprichwort: ›Not kennt kein Gebot‹ meint Straffheit im Falle von Mundraub. ›Wenn der Hahn nicht kräht, gackert die Henne‹ umschreibt die weibliche Erbfolge beim Ausbleiben männlicher Nachkommen. Einem abgeschobenen Bettler gab man den ›Laufpaß‹, d. h. einen behördlichen Zettel über den Grund seiner Ausweisung (›Jemand den Laufpaß geben‹). Die sprichwörtliche Redensart ›Stein und Bein schwören‹ findet ihre Erklärung im mittelalterlichen Eidesritus. Der Eid erfolgte durch Auflegen der Hand auf das Reliquiar, das – oft reich mit edlen Steinen verziert – ein Stückchen vom Gebein eines Heiligen barg. Auch andere stabreimende Zwillingsformeln wie ›Kind und Kegel‹, ›Haus und Hof‹, ›Stock und Stein‹, stammen vielfach aus dem Rechtswesen. ›Nach Jahr und Tag‹ war eine wichtige alte Rechtsfrist. Ältere Ehrenstrafen haben sich – wenn zum Glück auch in veränderter Funktion – im Redensartenschatz erhalten, wie z. B. alles, was mit dem Pranger zu tun hat (›jemand an den Pranger stellen‹, ›anprangern‹). ›Einem aufs Dach steigen‹ oder ›das Dach abdecken‹ bezieht sich auf die alte Ehrenstrafe der sog. Hauswüstung und galt noch im 17. und 18. Jh. als Ehrenstrafe für Ehemänner, die sich von ihren Frauen hatten schlagen lassen. Ältere Rechtsformen der Verurteilung, insbesondere verschiedene Vollzugsarten der Todesstrafe sind noch erhalten in den Redensarten ›über einen den Stab brechen‹ – ›die Henkersmahlzeit einnehmen‹ – ›eine Galgenfrist setzen‹ – ›einen für vogelfrei erklären‹ – ›mit Hängen und Würgen‹. Sogar die mittelalterliche Folter ist in vielen Redensarten erhalten geblieben (›auf die Folter spannen‹, ›jemand die Daumenschrauben anlegen‹, ›jemand brandmarken‹). Eine Gruppe von sprichwörtlichen Redensarten erinnert an die mittelalterlichen Gottesurteile, d. h. an die gerichtlichen Proben, die das Recht offenbaren und die Schuld oder Unschuld eines Angeklagten erweisen sollten, wie die sog. Abendmahls- oder Bißprobe (›das Abendmahl auf etwas nehmen‹, ›einem bleibt der Bissen im Halse stecken‹), die Eisenprobe (›ein heißes Eisen anfassen‹) oder die Feuerprobe (›für jemand die Hand ins Feuer legen‹).

Gegenüber diesen Redensarten, die Rechtspraktiken nur noch als leere Formel und meist in völlig veränderter Funktion weitertragen, enthalten eigentliche Rechtssprichwörter wirkliche Rechtsprinzipien. Allerdings handelt es sich wohl mehr um Aussagen des Gewohnheitsrechtes und nicht um kodifizierte Rechtsnormen. Beispiele: ›Wo kein Kläger, da kein Richter‹; ›Kauf bricht Miete‹; ›Eine alte Gewohnheit ist stärker als Brief und Siegel‹; ›Schweigst du still, so ist's dein Will‹. Manche Sprichwörter geben nur den Anschein von Recht, sind rechts- oder wenigstens juristkritisch oder geradezu Unrechtssprichwörter: ›Die kleinen Diebe hängt man – die großen läßt man laufen‹ (noch bösartiger: ›die großen lassen einander laufen‹); ›Macht geht vor Recht‹; ›Juristen – böse Christen‹; ›Kirchengut hat eiserne Zähne‹. Viele Sprichwörter, die eine Rechtsmeinung ausdrücken, sind indessen keine echten Rechtssprichwörter, sondern bieten eher eine Rechts- oder Unrechtserfahrung: ›Einmal ist keinmal‹; ›Not kennt kein Gebot‹; ›Wo nichts ist, hat der Kaiser sein Recht verloren‹; ›Bürgen soll man würgen‹; ›Recht muß Recht bleiben‹; ›Besser ein magerer Vergleich als ein fettes Urteil‹; ›Der Hehler ist so gut wie der Stehler‹; ›Gelegenheit macht Diebe‹. Zweifellos haben aber Sprichwörter in der älteren Rechtspflege eine große Bedeutung gehabt. Schon *Jacob Grimm* sprach in einem berühmt gewordenen Aufsatz 1816 »Von der Poesie im Recht«, und die Erforschung der Rechtssprichwörter war lange Zeit ein Lieblingsgebiet der Rechtshistoriker. Die ältere Forschung sah in den Rechtssprichwörtern einen Nachklang der germanischen Volksrechte und ungeschriebener Rechtstraditionen. Doch hat man nur selten nach dem Ursprung der Sprüche, nach der Zeit ihrer Entstehung oder gar nach ihren Schöpfern gefragt *(Elsener)*. Es stellt sich vor allem die Frage, ob Sprichwörter Rechtsquellen sind. Inzwischen hat man zu vielen dieser Rechtsformeln auch lateinische Entsprechungen gefunden (›Ein Zeuge – kein Zeuge‹: Unus testis, nullus testis; ›Man muß auch die andere Seite hören‹: Audiatur et altera pars; ›Zuviel Recht ist Unrecht‹: Summum ius – summa iniuria). Man nimmt deshalb an, daß auch die lateinisch-klerikale Tradition bei der Übermittlung dieser Rechtsformeln eine Rolle gespielt haben wird. Der Begriff eines Rechtssprichwortes setzt den eines Sprichwortes voraus. Und sicher hängt das Aufkommen der Rechtssprichwörter mit einer Quellengruppe mittelalterlichen und antiken Rechts zusammen, dem Genre der Regulae, Definitiones, Sententiae, womit dialektische Schulregeln für Laienrichter, aber auch für die Studierenden der Rechtswissenschaft bezeichnet wurden. Sie boten Hilfen zur ersten Orientierung bei Entscheidungen, insbesondere im Disputierbetrieb. Diese Regulae als Topoi waren in der römischen Jurisprudenz vor allem deswegen vonnöten, weil dem Juristen nur eine geringe Anzahl von Gesetzen zur Verfügung stand – ähnlich wie im Recht des deutschen Mittelalters *(Elsener)*. So finden sich einzelne Rechtssprichwörter sowohl in der deutschen wie in der lateinischen Tradition des Mittelalters. Das Sprichwort ›Wer zuerst kommt, mahlt zuerst‹ bezieht sich auf die Kundenmühle des Mittelalters und ist als Rechtssprichwort schon in *Eike von Repkows* »Sachsenspiegel« (um 1230) in der Form bekannt ›Die ok irst to der molen kumt, die sal irst malen‹, ähnlich im »Schwabenspiegel« (ca. 1275). Doch ist auch dieses Wort in früheren lateinischen Versionen schon greifbar: ›Qui capit ante molam, merito molit ante farinam‹. Auch das Sprichwort ›Der Ältere teilt, der Jüngere wählt‹ (kiest) ist schon dem Sachsenspiegelrecht bekannt. Viele sog. deutsche Rechtssprichwörter sind offensichtlich der Sache nach nichts anderes als Topoi und wurden zur Unterstützung geltender Rechtssätze formuliert (›Der Nächste im Blut, der Nächste im Gut‹). Eine andere

Frage ist, wann, wie und von wem manche Rechtssätze eine Par-
ömialform bekommen haben. In zahlreichen Fällen lassen sich
Rechtssprichwörter bis in mittelhochdeutsche und lateinische Quellen zurückverfolgen. Dem Sprichwort ›Gedanken sind zollfrei‹
gleichbedeutend ist der Rechtssatz des römischen Rechts, daß der
bloße Gedanke nicht straffällig ist, sondern erst der objektivierte
Wille. Der Sache nach findet sich eine ähnliche Aussage schon in
Freidanks »Bescheidenheit«: ›Man vât wol wîp unde man, gedanke
nieman fahen kan [...] Dar umbe sint gedanke frî, daz diu werlt un-
müezec sî‹. Wahrscheinlich waren die Schöpfer der Rechtssprichwörter Einzelpersönlichkeiten: Magister, Notare, Stadtschreiber
oder fürstliche Schreiber, die die lateinischen regulae iuris ins Deutsche übertrugen, d. h. sie sind von gelehrten Juristen formuliert
worden. So gehören die Rechtssprichwörter vermutlich in jenen Sä-
kularisierungsprozeß des Spätmittelalters hinein, wo das gelehrte
Wissen, auch die Jurisprudenz, nicht mehr Privileg des Klerus war,
sondern allmählich in den Mitbesitz des gehobenen Bürgertums und
des weltlichen Adels überging *(Elsener)*.

Die meisten Rechtssprichwörter beinhalten selbstverständlich
mittlerweile veraltetes Recht (›Stadtluft macht frei‹), und das Juri-
stenrecht unserer Tage hat fast gar nichts zum allgemeinen Redens-
arten- und Sprichwortschatz beigesteuert. In der Gegenwart werden
allenfalls noch Straßenverkehrsregeln der besseren Einprägsamkeit
halber in sprichwortähnliche Form gefaßt (z. B. ›Erst gurten, dann
spurten‹; ›Die Polizei – Dein Freund und Helfer‹).

Literatur:
Bader, Karl Siegfried, Gesunkenes Rechtsgut, in: Kunst und Recht. Festgabe
   für Hans Fehr, 1948, 9ff.
Bausinger, Hermann, Formen der »Volkspoesie«, 1968, S. 100-102.
Bond, Donald, English Legal Proverbs, in: Publications of the Modern
   Language Association 51, 1936, 921-935.
Bond, Donald, The Law and Lawyers in English Proverbs, in: American Bar
   Association Journal 21, 1935, 724-727.
Cohn, Georg, Deutsches Recht im Munde des Volkes, in: G. *Cohn*, Drei
   rechtswissenschaftliche Vorträge, 1888, 1-43.
Ebel, Wilhelm, Über Redensarten und Recht, in: Moderna Språk 56, 1962,
   21-32.
Eisenhart, Johann Friederich,Deutsches Recht in Sprichwörtern (1759) be-
   arbeitet von Waldmann, 1935.
Ek, S. B., Den som kommer först till kvarns, in: Scripta Minora Regiae So-
   ciet. Human. Litter. Lundensis 1963-1964/1, Lund 1964, 1-66.
Elsener, Ferdinand, ›Keine Regel ohne Ausnahme‹. Gedanken zur Geschichte der deutschen Rechtssprichwörter, in: Festschrift für den 45.
   deutschen Juristentag, 1964, 23-40.

Elsener, Ferdinand, Regula iuris, Brocardum, Rechtssprichwort nach der Lehre von P. Franz Schmier OSB. und im Blick auf den Stand der heutigen Forschung, in: Ottobeuren 764 - 1964, Augsburg 1964, 177-218.

Fehr, Hans, Die Dichtung im Recht, Bern o. J. [1936].

Foth, Albrecht, Gelehrtes römisch-kanonisches Recht in deutschen Rechtssprichwörtern, 1971.

Graf, Eduard und *Dietherr Matthias,* Deutsche Rechtssprichwörter, 2. Aufl. 1869; 1975.

Grimm, Jacob, Deutsche Rechtsaltertümer, 4. Aufl. 1899.

Günther, L., Recht und Sprache, 1898.

Günther, L., Deutsche Rechtsaltertümer in unserer heutigen Sprache, Straßburg 1903.

Hedemann, Justus Wilhelm, Aus der Welt der Rechtssprichwörter, in: Das deutsche Privatrecht in der Mitte des 20. Jahrhunderts, Festschrift für Heinrich Lehmann, 1956, Bd. 2, 131-142.

Koehne, Carl, Gewerberechtliches in deutschen Rechtssprichwörtern, Zürich 1915.

Koehne, Carl, Handwerkerrecht in Rechtssprichwörtern, in: Vierteljahrschrift für Sozial- und Wirtschaftsgeschichte 15, 1919, 64-71.

Kraft, Wilhelm, Sprichwörter und Redensarten aus dem mittelalterlichen Rechtsleben, 1957.

Osenbrüggen, Eduard, Die deutschen Rechtssprichwörter, Basel 1876.

Reyscher, A. L., Die Überlieferung der Rechte durch Rechtssprichwörter, in: Zeitschrift für deutsches Recht und deutsche Rechtswissenschaft 5, 1841, 189-209.

Röhrich, Lutz, Lexikon der sprichwörtlichen Redensarten, 2 Bde., 4. Aufl. 1976.

Röhrich, Lutz und *Gertraud Meinel,* Reste mittelalterlicher Gottesurteile in sprichwörtlichen Redensarten, in: Alemannisches Jahrbuch 1970, 341-346.

Schröder, Richard, und *Künssberg, Eberhard Frh. v.* (Hrsg.), Deutsches Rechtswörterbuch (Wörterbuch der älteren dt. Rechtssprache), 1914 ff.

Sonderegger, Stefan, Die Sprache des Rechts im Germanischen, in: Schweizer Monatshefte 42, 1962, Heft 3, 12 ff.

Spiro, Karl, Alte Rechtssprichwörter und modernes Privatrecht, in: Zeitschrift für Schweizerisches Recht 69, 1950, 121-147.

Taylor, Archer, The Proverb, Cambridge/Mass. 1931; Hatboro/Pa. 1962, S. 86-97.

Urbach, Otto, Deutsches Recht im deutschen Sprichwort, in: Muttersprache 52, 1937, 230-234.

Weizsäcker, Wilhelm, Rechtssprichwörter als Ausdrucksformen des Rechts, in: Zeitschrift für vergleichende Rechtswissenschaft 58, 1956, 9-40.

Weizsäcker, Wilhelm, Volk und Staat im deutschen Rechtssprichwort, in: Aus Verfassungs- und Landesgeschichte, Festschrift für Theodor Mayer, 1954, Bd. 1, 305-329.

Wildhaber, Robert, Formen der Besitzergreifung im Volksrecht, im Volksglauben und in der Volksdichtung, in: Narodno stvaralaštvo – Folklor, Beograd 1965, 1227-1239.

Winkler, Leonhard, Deutsches Recht im Spiegel deutscher Sprichwörter, 1927.

VIII. Träger und Gebrauchsfunktion
des Sprichworts

1. Alters- und Berufsgruppen, Land- oder Stadtbewohner

Es gehört von der Definition her zum Sprichwort, daß es allgemein bekannt ist und von vielen Sprachteilnehmern auch benutzt wird. In bezug auf diese Träger (Verwender) der Sprichwörter ergeben sich viele Fragen, mit denen sich die Sprichwortforschung bisher viel zu wenig beschäftigt hat. Benutzen z. B. Menschen aller Altersgruppen Sprichwörter? Gibt es einen Unterschied im Sprichwortgebrauch von Personen unterschiedlicher Bildung oder verschiedener Sozialschichten? Bedient sich die Landbevölkerung des Sprichwortes mehr als die Stadtbevölkerung? Erst die Beantwortung solcher Fragen läßt auf die eigentliche Biologie des Sprichwortes schließen. Für ältere Zeiten geben literarische Werke Aufschlüsse darüber, welche Menschen wann, wo und warum welche Sprichwörter verwenden. Heute müßten freilich demoskopische Untersuchungen angestellt werden, um Rückschlüsse über die Persönlichkeit der Sprichwortträger zuzulassen. Einen Anfang dazu bilden die Arbeiten von *Mathilde Hain* und *Démétrios Loukatos,* die vor allem den Sprichwortgebrauch von Menschen verschiedener Altersgruppen herausgearbeitet haben.

Ganz allgemein haben Hain und Loukatos festgestellt, daß ältere Leute Sprichwörter weitaus öfter als jüngere benutzen. Kinder bis etwa zum 12. Lebensjahr haben meist gar kein Verhältnis zum Sprichwort und haben oft Mühe, Sprichwörter zu verstehen oder gar anzuwenden, was auf den abstrakten Gehalt der Sprichwörter zurückzuführen sein mag. Jugendliche bis etwa 18 Jahre beginnen dann, hier und da ein Sprichwort zur Verstärkung einer Aussage zu verwenden, indem sie den Autoritätsanspruch des Sprichwortes mit solchen Einführungsformeln wie »es heißt«, »meine Mutter sagt« und »das Sprichwort ist wahr« unterstreichen. Von etwa 19-25 nimmt der Sprichwortgebrauch jedoch wieder ab, wohl weil die jungen Erwachsenen statt der altüberlieferten, stereotypen Sprichwörter eigene Sprachformulierungen suchen. Vom 25. bis zum 50. Lebensjahr werden Sprichwörter dann öfter aufgegriffen, und im reifen Alter erreicht der Sprichwortgebrauch seinen Höhepunkt. Das Sprichwort als Ausdruck von Lebensweisheit und Lebenserfahrung wird von älteren Leuten gerne dazu verwendet, der jüngeren Generation belehrend zur Seite zu stehen, und überhaupt übernimmt das Sprichwort im Gebrauch älterer Menschen meist eine didaktische Funktion.

Selbstverständlich paßt diese Gliederung der Sprichwortträger nach Altersgruppen nicht auf alle Menschen. In jeder Gruppe wird es Personen geben, die reichlich Sprichwörter und Redensarten in ihre Rede aufnehmen, während andere kaum Sprichwörter verwenden. Man hat verschiedentlich versucht, diesen Umstand auf Bildungsunterschiede zurückzuführen, d. h. Leute von geringerer Bildung verwenden Sprichwörter mehr oder weniger zur Ersparung eigener Denktätigkeit, während Gebildete eher zu eigenen Formulierungen fähig sind (vgl. Maurer, S. 11 und Naumann, S. 138-139). Vom Gebrauch der Sprichwörter auf Denkfaulheit oder gar Dummheit zu schließen, ist allerdings keineswegs gerechtfertigt. Die bisherigen Forschungen haben zwar vor allem die weniger gebildeten Gesellschaftsschichten als Träger von Sprichwörtern herausgestellt, doch das bedeutet nicht, daß gebildete Leute nicht auch Sprichwörter relativ oft verwenden. Beweise dazu liefern Vorträge und Diskussionen im Fernsehen oder Radio sowie die Zeitungen genug.

Ein Fehler ist es auch, Sprichwortträger vorwiegend nur in der ländlichen Bevölkerung zu suchen. Die Dorfbewohner, die auch heute noch die Mundart tradieren, übernehmen damit selbstverständlich auch die volkstümlichen Sprichwörter gern, wie *Mathilde Hains* Dorfuntersuchung gezeigt hat. Jetzt aber müßte durch ähnliche Studien bewiesen werden, daß auch die städtische Bevölkerung Sprichwörter benutzt. Handwerker, Arbeiter, Angestellte, Beamte, Lehrer, etc. verwenden alle Sprichwörter, aber erst zukünftige Forschungen werden zeigen können, inwiefern sich die Sprichwortträger dieser Berufsgruppen von denen der Bauern unterscheiden. Eine gegenwartsbezogene Sprichwortforschung muß sich neben den Sprichworttexten auch mit den Sprichwortträgern beschäftigen, denn nur so kann die Bedeutung der Sprichwörter im menschlichen Miteinander ermittelt werden.

Literatur:

Abrahams, Roger D., On Proverb Collecting and Proverb Collections, in: Proverbium 8, 1967, 181-184.

Arewa, E. Ojo und *Alan Dundes,* Proverbs and the Ethnography of Speaking Folklore, in: American Anthropologist 66, 1964, 70-85.

Brandes, Stanley H., The Selection Process in Proverb Use, in: Southern Folklore Quarterly 38, 1974, 167-186.

Daniel, Jack L., Towards an Ethnography of Afroamerican Proverbial Usage, in: Black Lines 2, 1973, 3-12.

Hain, Mathilde, Sprichwort und Volkssprache. Eine volkskundlich-soziologische Dorfuntersuchung, 1951, S. 51-55.

Hudson, Catherine, Traditional Proverbs as Perceived by Children from an

Urban Environment, in: Journal of the Folklore Society of Greater Washington 3, 1972, 17-24.

Hulme, Edward F., Proverb Lore, London 1902; Detroit 1968, S. 19-21.

Loukatos, Démétrios, L'emploi du proverbe aux différents âges (Altersgruppen), in: Proverbium 2, 1965, 17-26.

Maurer, Friedrich, Volkssprache, 1964.

Naumann, Hans, Grundzüge der deutschen Volkskunde, 1922.

Walther, Andreas, Volkhafte Sozialweisheit und Spitzenkultur, in: Vom Geist der Dichtung, Gedächtnisschrift für Robert Petsch, 1949, S. 358-380.

Wondratsch, Hans, Bild und Vergleich als Ausdruck bäuerlichen Denkens, in: Sudetendeutsche Zeitschrift für Volkskunde 9, 1936, 101-104.

2. Verwendungsmöglichkeiten und Funktionswerte

Die zahllosen Sprichwörtersammlungen reihen zwar Tausende von Sprichwörtern aneinander, und ein Werk wie *Karl Friedrich Wilhelm Wanders* »Deutsches Sprichwörterlexikon« (1867-1880) mit seinen vielen Quellenangaben hat gewiß eine unerschöpfliche Bedeutung für die Text- und Variantenforschung, aber einen großen Mangel haben alle diese Sammlungen doch. Sie enthalten nämlich nur Sprichworttexte, geben also nur Aufschluß über den Wortlaut der Sprichwörter, ohne etwas über ihren Gebrauch in der eigentlichen Sprechsituation auszusagen. Sprichwörtersammlungen sind »Massengräber aus ihren Zusammenhängen herausgeschnittener Sprichwörter« (Kuusi, S. 13), die nichts mehr von der Biologie der Sprichwörter enthalten. Deshalb eignen sich die bisherigen Sammlungen zwar für Studien über das Alter, die Herkunft und die Überlieferung einzelner Sprichwörter, aber über den Sprichwortgebrauch in der Antike, im Mittelalter etc. geben sie keine Auskunft. In der schöngeistigen Literatur aus diesen vergangenen Zeiten läßt sich allerdings manches über die Verwendung der Sprichwörter finden, weil sie darin in einem Sinnzusammenhang stehen. Dasselbe trifft auch für die Sprichwörter im mündlichen Gebrauch zu. Es gilt also, die Sprichwörter aus schriftlichen und mündlichen Quellen im Kontext zu sammeln, denn »Sinn und Funktion eines Sprichwortes lassen sich nur aus seiner vollen Lebenssituation erfassen« (Hain, Das Sprichwort, S. 38).

Aus diesem Grunde hat man in letzter Zeit versucht, Sprichwörter in ihrer Gebrauchssituation (Kontext) zu erfassen. *Mathilde Hain* und *Friedrich Ohly* haben das für die mündliche Überlieferung in zwei Dörfern durchgeführt, eine komplizierte Aufzeichnungsarbeit, die sich heute durch Tonbandgeräte relativ leicht vornehmen läßt. Aus den schriftlich vorliegenden Texten der Literatur lassen

sich die Sprichwörter ebenfalls mühelos in ihrer Anwendungssitua-
tion herausschreiben. Erst nach dieser Methode des Sprichwort-
sammelns, die natürlich bedeutend umfangreichere Zusammenstellungen ergibt als die bisherigen Sammlungen von reinen Sprichworttexten, kann eine Analyse des Sprichwortgebrauchs vorgenommen
werden, wozu Fragen wie die folgenden beantwortet werden müssen: wo, wann, warum, wie, von wem und für wen wird das jewei-
lige Sprichwort verwendet? Daraus ergibt sich eine Betrachtungsweise, die weit über die philologische Textforschung hinausführt.

Die Verwendungsmöglichkeiten und Funktionswerte der
Sprichwörter erweisen sich als äußerst reichhaltig, die sich absolut
nicht auf den allgemeinen Nenner der Lehrhaftigkeit reduzieren lassen, obwohl das oft genug getan worden ist. Natürlich übernehmen
viele Sprichwörter eine didaktische Funktion, besonders in der Bibel, in Predigten und in der Erziehung. Diese Tendenz zur Didaktik
läßt sich auch heute noch im Sprichwortgebrauch in der modernen
Werbung und der politischen Karikatur feststellen, und doch ist dieser lehrhafte Funktionswert nur einer von vielen. Sprichwörter können auch als Warnung, Überredung, Argument, Bestätigung, Trost,
Besänftigung, Überzeugung, Mahnung, Zurechtweisung, Feststellung, Charakterisierung, Erklärung, Beschreibung, Rechtfertigung,
Zusammenfassung etc. fungieren, und es ist durchaus möglich, daß
ein und dasselbe Sprichwort in verschiedenen Gebrauchszusam-
menhängen ganz verschiedene Funktionswerte übernimmt. Ein so
einfaches Sprichwort wie ›Ende gut, alles gut‹ kann z. B. als Feststellung, als Rechtfertigung, als Argument etc. benutzt werden.

Hinzu kommen die oft humorvollen, ironischen oder satirischen
Verwendungen von Sprichwörtern, die in vorgeprägter Formulierung eine Situation oder einen Menschen treffend bloßstellen und
kritisieren können. Die individuellen Gedanken werden dabei durch
den Bildgehalt des Sprichwortes verhüllt und verallgemeinert, und
so läßt sich manches auf diese indirekte Weise sagen, was man sonst
vielleicht nicht zu sagen wagte. Der bloße Wortlaut eines Sprichwortes aber kann über diese verschiedenen Funktionswerte keine
Aufschlüsse geben. In der Sammlung ist das Sprichwort tot, und erst
in der Gebrauchssituation zeigt es sich als äußerst anpassungsfähiges
Sprachbild, dem keine definitiven Funktionswerte zugeschrieben
werden können. In diesen immer neuen Verwendungsmöglichkeiten liegt der Reiz des Sprichwortgebrauchs und seiner Erforschung.

Literatur:
Abrahams, Roger D., Introductory Remarks to a Rhetorical Theory of Folklore, in: Journal of American Folklore 81, 1968, 143-158.

Bascom, William, Proverb Collecting in Africa, in: Proverbium 15, 1970, 434-435.

Dundes, Alan, Texture, Text and Content, in: Southern Folklore Quarterly 28, 1964, 251-265.

Hain, Mathilde, Das Sprichwort, in: Deutschunterricht 15, Heft 2, 1963, 36-50.

Hain, Mathilde, Sprichwort und Volkssprache. Eine volkskundlich-soziologische Dorfuntersuchung, 1951.

Jason, Heda, Proverbs in Society: The Problem of Meaning and Function, in: Proverbium 17, 1971, 617-623.

Kirshenblatt-Gimblett, Barbara, Toward a Theory of Proverb Meaning, in: Proverbium 22, 1973, 821-827.

Krikmann, Arvo, On Denotative Indefiniteness of Proverbs, Tallinn 1974.

Krikmann, Arvo, Some Additional Aspects of Semantic Indefiniteness of Proverbs, Tallinn 1974.

Kuusi, Matti, Parömiologische Betrachtungen (FFC 172), Helsinki 1957, S. 25-27.

Mieder, Wolfgang, Verwendungsmöglichkeiten und Funktionswerte des Sprichwortes in der Wochenzeitung, in: Muttersprache 83, 1973, 89-119.

Ohly, Friedrich, Vom Sprichwort im Leben eines Dorfes, in: Volk, Sprache, Dichtung. Festgabe für Kurt Wagner, 1960, S. 276-293.

Röhrich, Lutz, Gebärde – Metapher – Parodie, 1967, S. 50-63.

Schmidt-Hidding, Wolfgang, Deutsche Sprichwörter und Redewendungen. Vom Gebrauch der bildhaften Redewendungen im Deutschen, in: Deutschunterricht für Ausländer 13, 1963, 13-26.

Seitel, Peter, Proverbs: A Social Use of Metaphor, in: Genre 2, 1969, 143-161.

Sternberger, Dolf, Figuren der Fabel. Essays, 1950, S. 43-69.

Weber-Kellermann, Ingeborg, Die Bedeutung des Formelhaften im volkstümlichen Denken, in: Völkerforschung, 1954, S. 187-199.

Szemerkenyi, Agnes, A Semiotic Approach to the Study of Proverbs, in: Proverbium 24, 1974, 934-936.

IX. DAS VERHÄLTNIS DES SPRICHWORTS ZU ANDEREN »EINFACHEN FORMEN«

1. Sprichwort und Volkserzählung

Obwohl mehrere Sammlungen und Darstellungen von Sprichwörtern und sprichwörtlichen Redensarten ihr Material nach Herkunfts- und Stoffbereichen geordnet haben, fehlen in den meisten Werken dieser Art Hinweise auf Zusammenhänge mit dem volkstümlichen Erzählgut; man vermißt sie ebenso in *Friedrich Seilers* »Deutscher Sprichwörterkunde« wie in *W. Gottschalks* Parallelwerk für die französische Sprache. Auf der anderen Seite hat sich die volkskundliche Erzählforschung der besonderen Gruppe der Sprichworterzählungen (›Proverb-Tales‹) bislang noch kaum angenommen. *Stith Thompsons* Motif-Index sieht zwar unter Z 64 eine besondere Gruppe ›Proverbs‹ vor, gibt aber keine Belege, und ebenso enthält die Rubrik ›proverbial wisdom‹ (J 171 ff.) nichts Hierhergehöriges. Die neueren Auflagen des ›*Büchmann*‹ enthalten zwar einen besonderen Abschnitt ›Zitate aus Mythen und Volksmärchen‹ und bringen dabei auch einige Redensarten, doch gehen diese Ausführungen nicht über das Allgemeinste hinaus. Der einzige größere Versuch, das Verhältnis der Sprichwörter und Redensarten zum Erzählgut zu klären, ist völlig dilettantisch, unbrauchbar und war schon bei seinem Erscheinen überholt: *Heinrich Lessmanns* panmythologische Erklärungen, die in allen Sprichwörtern und Redensarten Nachklänge altgermanischer Sage beweisen wollten, haben viel Verwirrung angerichtet. Die gegenseitige Erhellung zweier an sich getrennter Überlieferungsbereiche stellt in der Tat schwierige Probleme, verspricht andererseits aber auch methodischen Gewinn. Die Ergebnisse können für Sprichwort und Erzählforschung gleich interessant sein. Der Sprichwortforschung geht es zunächst einmal um die Erklärung und Herkunft der unverständlich gewordenen sprachlichen Bilder, deren Zusammenhang mit älteren Erzählungen oft nicht mehr ohne weiteres deutlich ist. Für die Märchen-, Sagen- und Schwankforschung andererseits ist das Weiterleben einzelner Erzählungen in sprichwörtlichen Redensarten keineswegs nur ein gleichgültiges Zersagungsprodukt. Heute ausgestorbene oder verlorengegangene Volkserzählungen haben sich in einer Art Schwundstufe in Redensarten z. T. noch erhalten und sind uns nur in diesen greifbar. So können Sprichwortanspielungen in der Literatur sogar ein wichtiger Altersbeleg für das Vorkommen z. B. von Märchen aus Zeiten sein, aus denen wir keine systematischen Aufzeichnungen und Sammlungen besitzen.

Unter den Schwankfiguren ist es vor allem *Till Eulenspiegel,* der immer neue Redensarten und Sagwörter auf sich gezogen hat. Das Volksbuch von ›Till Eulenspiegel‹ bringt etwa zum ersten Mal den Schwank von der Katze im Sack, die als Hase verkauft wurde (›Die Katze im Sack kaufen‹, ›Die Katze aus dem Sack lassen‹). *Wanders* Sprichwörterlexikon verzeichnet (I, 921) ein Sagwort aus Hamburg: ›As 't fallt, säd' Ulenspegel, so êt ik‹. Etwas drastischer umschreibt ein niederrheinisches Sagwort die gemeinte Situation: ›Et is derno, as et fällt, sagg Ulenspiegel, du frug öm de Wertsfrau, die en Dropp an de Nas hatt, of he metêten woll‹. Es bezieht sich auf die 75. Historie der Eulenspiegel-Ausgabe von 1515 ›Wy vlenspiegel ein fraw zuo gast luod, der der rotz zuo der nasen vßhieng‹. Die heute ausgestorbene Redensart ›Brillen verkaufen‹ oder ›Jemand brillen‹ war um 1500 offenbar sehr beliebt, und gerade das Eulenspiegelbuch muß mit zu ihrer Durchschlagskraft verholfen haben: Eulenspiegel tritt als Brillenverkäufer auf, und er treibt das Wortspiel noch weiter, wenn er darüber klagt, daß sein Gewerbe auf dem absteigenden Ast sei, weil so viele Leute jetzt ›durch die Finger sähen‹.

Zu einem Schwank gehört auch die Redensart ›Einem zeigen, was eine Harke ist‹. Sie bezieht sich auf den weitverbreiteten Schwank von dem aus der Fremde heimkehrenden Bauernsohn, der die Sprache seiner Angehörigen nicht mehr verstehen will und sich mit fremden Sprachbrocken schmückt. Bei seiner Rückkehr stellt er sich, als ob er nicht mehr wisse, was eine Harke ist. Als er aber aus Versehen auf die Zinken tritt und der Stiel ihm an den Kopf schlägt, ruft er unwillkürlich: ›I du verflökte Hark!‹ Ausführlich in dieser Form erzählt den Schwank zuerst *Montanus* in seiner »Gartengesellschaft« (Kap. 10), doch ist er bereits 1512 in *Murners* »Narrenbeschwörung« (Kap. 6) erwähnt. – Jede Gegend hat ihr eigenes Schilda, und so verdanken mehrere Redensarten ihre Entstehung einer Ortsneckerei oder lokalen Schwänken, z. B. ›Er hat alle seine Glieder beisammen, wie ein Hirschauer‹ (schwäb.: von einem mit einem Kropf Behafteten); ›Er ist ein Esel von Rottweil‹; ›Die Diebe zweimal hängen wie in Bautzen‹ (*Wander* I, 594); ›Jenseits der Oder, wo se de Bauern mit Pechstiebeln fangen‹ (*Wander* III, 1202). Nur relativ wenige solcher lokalen Schildbürgerstreiche haben eine allgemeine Gültigkeit in der Umgangssprache erlangt. Umso auffallender ist die große Resonanz, die die Erzählung vom Hornberger Schießen gefunden hat (›Ausgehen wie's Hornberger Schießen‹). Es gibt eine große Zahl von lokalen geschichtlichen Sagen und Anekdoten, die – als Erzählung meist vergessen – in der Schwundstufe von Sprichwort und Redensart einen Niederschlag gefunden haben, (z. B. ›Karnikkel hat angefangen‹, ›Jemand das Bad segnen‹, ›Schaut doch die

Katz' den Bischof an‹). In einigen Landschaften sagt man von einem stumpfen Messer ›Auf dem Messer kann man nach Breslau (Rom, Paris, Köln) reiten‹, was sich unverkennbar auf den Hexenritt bezieht, ebenso wie auch die Redensart ›Was sich hext, deiwelt sich‹, oder ›Verklage die Hexe beim Teufel‹, d. h., du bekommst dein Recht doch nicht. Auf andere dämonologische Sagen beziehen sich sprichwörtliche Redensarten wie ›Wühlen wie ein Werwolf‹ oder ›So alt wie der Westerwald‹. Insbesondere der Teufel kommt in unzähligen sprichwörtlichen Redensarten vor, die inhaltlich zu Teufelssagen oder zu schwankhaften Erzählungen vom geprellten Teufel gehören (›Der Teufel ist los‹, ›Des Teufels Dank davon haben‹, ›Und wenn der Teufel auf Stelzen kommt‹). Auch die Redensart ›Viel Geschrei und wenig Wolle‹ bildet ursprünglich die Pointe einer dualistischen Teufelserzählung: Gott lehrt die Menschen die Schafzucht; der Teufel versucht das gleiche bei einem Schwein, das aber nur viel Geschrei und wenig Wolle gibt. Kaum jemandem ist heute noch bewußt, daß der sprichwörtlichen Redensart ›Das geht auf keine Kuhhaut‹ eine mittelalterliche Teufelserzählung vom sündennotierenden Teufel in der Kirche zugrunde liegt. Die Redensart hat sich von ihrem Ursprung völlig emanzipiert und läßt sich seither auch in ganz anderer, d. h. in profaner Weise verwenden; oder sie wird, da als unverständlich empfunden, zersprochen, z. B. in der Version ›Das geht auf keinen Kuhhaufen‹.

Auch die Beziehungen von Märchen und Sprichwort sind eng. Redensartliche Wendungen in der Literatur spielen eine hervorragende Rolle bei der Altersbestimmung von Märchen. *Luther* erwähnt z. B. mehrfach redensartlich das Aschenputtelmärchen (AT 510A); in *Fischarts* »Gargantua« wird auf das Märchen vom Tapferen Schneiderlein (AT 1640) angespielt: ›Ich will euch töten wie die Mucken, neun auf einen Streich, wie jener Schneider‹. Vor allem für die antike Literatur sind Märchenanspielungen in Sprichwort und Redensart wichtige Leitfossilien. Aus einer Passage im »Gastmahl des Trimalchio« ›Qui fuit rana, nunc est rex‹ hat man geschlossen, daß Petronius schon ein Märchen vom Typus ›Froschkönig‹ gekannt hat.

Andere sprichwörtliche Märchenanspielungen sind ›Ein Aschenputteldasein fristen‹ (AT 510A; KHM 21), ›Sesam öffne dich‹ (AT 676; vgl. KHM 142), ›Tischlein deck dich‹ (AT 563; KHM 36), ›Sich selbst das Urteil sprechen‹ (z. B. in KHM 13), ›Die Henne (Gans) schlachten, die goldene Eier legt‹, ›Dem Ofen sein Leid klagen‹ (z. B. KHM 89). Die Redensart ›Das Gras wachsen hören‹ gehört wohl zu den typischen Scharfsinnsproben des Märchens. Aus der Erzählung vom Schlaraffenland (AT 1930; vgl. KHM 158) kommen die Wendungen ›Ein Schlaraffenleben führen‹, ›Sich die gebratenen

Tauben in den Mund fliegen lassen‹. Zu den Lügenmärchen scheint zu gehören ›Lügen, daß sich die Balken biegen‹, ›Luftschlösser bauen‹, ›Schwimmen wie ein Wetzstein‹ (AT 1930; vgl. KHM 159), ›Mit Siebenmeilenstiefeln laufen‹, ›Unter das Eis gehen‹, d. h. spurlos verschwinden.

In manchen Geschichten wird zwischen Sprichwort und Volkserzählung eine Scheinkausalität hergestellt. Diese Erzählungen behaupten, den Ursprung einer Redensart oder eines Sprichworts wiederzugeben. Ein gutes Beispiel einer solchen nur sekundären ätiologischen Erfindung gibt die in *Wanders* Sprichwortlexikon (I, 419) aufgenommene Herleitung der Redensart ›Ins Bockshorn jagen‹ von dem angeblichen Gelehrten Markus Zubrius Boxhorn, ›der anmaßende, sehr gelehrt sein wollende Burschen oft gehörig in die Enge getrieben haben soll, so daß man sie wohl fragte, ob sie ins Boxhorn gejagt worden wären‹. Es liegt auf der Hand, daß diese anekdotische Erzählung nichts mit der wirklichen Entstehung der Redensart zu tun hat. Die Redensart ›Fisimatenten machen‹ wird durch die Volksetymologie gelegentlich mit einer Anekdote erklärt, nach der diese Wendung aus der Aufforderung französischer Soldaten an deutsche Mädchen ›Visitez ma tente!‹ hervorgegangen sei. Aber auch diese Erzählung ist weniger historisch als hübsch erfunden.

An weiteren ad hoc erfundenen Sprichwort- und Redensartendeutungen erzählhafter Art seien noch die Erklärungen der Wendungen ›Einen Bären aufbinden‹ (*Wander* I, 232 f.), ›Einem Hörner aufsetzen‹ (*Wander* II, 784), ›Auf den Hund kommen‹ (*Wander* II, 888 f.), ›Einen Bock schießen‹ (*Wander* I, 418) erwähnt. In all diesen Erzählungen besteht also keine wirkliche, sondern nur eine fiktive Verbindung zwischen sprichwörtlicher Redensart und Volkserzählung. Eine besondere Gruppe bilden die ätiologischen, sog. ›Natursagen‹. Die Redensart ›Wie Katz' und Hund miteinander stehen‹ wird durch zahlreiche ganz verschiedene Erzählungen begründet (AT 200). Ähnliches gilt für den redensartlichen Vergleich ›Zittern wie Espenlaub‹ (Mot. A. 2762.1).

Eine letzte Gruppe von Erzählungen will weniger eine zufriedenstellende Erklärung über den Ursprung einzelner Redensarten geben, als vielmehr die Anwendung, den Sinn und Nutzen von Sprichwörtern und Redensarten veranschaulichen. Unter den volkstümlichen Kalendergeschichten *Johann Peter Hebels* finden sich z. B. zahlreiche Sprichwörter- und Redensartenerzählungen, z. B. unter den Titeln ›Gleiches mit Gleichem‹, ›Wie man in den Wald schreit, also schreit es heraus‹, ›Untreue erschlägt den eigenen Herrn‹, ›Ein Wort gibt das andere‹, ›Glimpf geht über Schimpf‹. Solche Geschichten gibt es aber nicht nur als Erscheinung der populären Literatur, sondern auch in der Volksüberlieferung selbst. In einigen Märchen spielen Redensarten sogar eine handlungstragende Rolle, wie z. B. in AT 1697, wo drei Wanderer im Ausland von der fremden Sprache nur drei redensartliche Floskeln kennen und so in den Verdacht geraten, einen Menschen ermordet zu haben. In einer anderen verbreiteten Volkserzählung hat ein Mann laufend Pech bei allen seinen Unternehmungen, weil er vergißt ›So Gott will‹ zu sagen (Mot. N 385). Schon *Jacques de Vitry* bringt eine Erzählung zur Veranschaulichung des Sprichworts ›Geld macht nicht glücklich‹ (AT 754). *Joh. Paulis* ›Schimpf und Ernst‹ enthält jene bekannte Erzählung zur Veranschaulichung des Sprichwortes ›Ehrlich währt am längsten‹ (Mot. J 23): Ein Kaufmann versucht es auf ein Jahr mit der Ehrlichkeit und stellt fest, daß auch sie sich auszahlt. So gibt es zahlreiche Erzählungen, die Sinn und Wahrheit von Redensarten und Sprichwörtern bestätigen und veranschaulichen wollen, z. B. die Wendungen ›Durch Schaden wird man klug‹ (AT 910A), ›Undank ist der Welt Lohn‹ (AT 155), ›Kleider machen Leute‹ (Mot. J 1561.3), ›Man soll den Teufel nicht an die Wand malen‹. Es gibt geradezu die Gattung der ›Sprichwort-Geschichte‹.

Literatur:

Cirese, *Alberto*, Wellerismi et micro-récits, in: Lingua e stile 5, 1970, 283-392.

Cornazano, *Antonio*, Sprichwortnovellen, übersetzt von Albert Wesselski, Neuausgabe 1967.

Crusius, *Otto*, Märchenreminiscenzen im antiken Sprichwort, in: Verhandlungen der Görlitzer Philologenversammlung, 1889, 31-47.

Dobesch, *Gerhard*, Die Sprichwörter der griechischen Sagengeschichte, Diss. Wien 1962.

Halpert, *Herbert*, Folktale and Wellerism: A Note, in: Southern Folklore Quarterly 7, 1943, 75-76.

Heinermann, *Th.*, Bockshorn, in: Paul und Braunes Beiträge 67, 1944, 248-269.

Heintze, *Albert*, Zur Ableitung sprichwörtlicher Redensarten, in: Zeitschrift des allgemeinen deutschen Sprachvereins 14, 1899, 97-100.

Knopf, *Jan*, Geschichten zur Geschichte. Kritische Tradition des ›Volkstümlichen‹ in den Kalendergeschichten Hebels und Brechts, Stuttgart 1973.

Krzyzanowski, *Julian*, Sprichwort und Märchen in der polnischen Volkserzählung, in: Volksüberlieferung. Festschrift für Kurt Ranke, 1968, 151-158.

Leino, *Pentti*, Dialogsprichwort oder Replikenanekdote? in: Proverbium 23, 1974, 904-908.

Lessmann, *Heinrich*, Der deutsche Volksmund im Lichte der Sage, 2. Aufl. 1937.

Loukatos, *Démétrios*, Le proverbe dans le conte, in: IV. International Congress for Folk-Narrative Research in Athens 1964, Lectures and Reports, Athens 1965, 229-233.

Meyer, Annemarie, Rund um das Sprichwort ›Viel Geschrei und wenig Wolle‹, in: Schweiz. Arch. f. Vkde. 41, 1944, 37-42, 159 f.

Neumann, Siegfried, Sagwort und Schwank, in: Letopis, Jahresschrift des Instituts für sorbische Volksforschung, Reihe C, Nr. 11/12, 1968-1969, 147-158.

Neumann, Siegfried, Sagwörter im Schwank – Schwankstoffe im Sagwort, in: Volksüberlieferung, Festschrift für Kurt Ranke, 1968, 249-266.

Röhrich, Lutz, Sprichwörtliche Redensarten aus Volkserzählungen, in: Volk-Sprache-Dichtung. Festgabe für Kurt Wagner, 1960, 247-275.

Röhrich, Lutz, Erzählungen des späten Mittelalters und ihr Weiterleben in Literatur und Volksdichtung bis zur Gegenwart, 2 Bde., Bern u. München 1962-67.

Röhrich, Lutz, Joh. Peter Hebels Kalendergeschichten zwischen Volksdichtung und Literatur (= Schriftenreihe des Hebelbundes 21), 1973.

Rowlands, E. C., The Illustration of a Yoruba Proverb, in: Journal of the Folklore Institute 4, 1967, 250-264.

Taylor, Archer, The Proverb, Cambridge/Mass. 1931; Hatboro/Pa. 1962, S. 27-32.

Vlach, John M., The Function of Proverbs in Yoruba Folktales, in: Studies in Yoruba Folklore, hrsg. von *J. Vlach,* (Folklore Forum 11), Bloomington/Indiana 1973, 31-41.

Weinreich, Otto, Das Märchen von Amor und Psyche und andere Volksmärchen im Altertum, in: *L. Friedländer,* Darstellungen aus der Sittengeschichte Roms, 9. und 10. Auflage, 1923, Bd. 4, 89-132 (Sprichwort und Märchen bes. S. 91-97).

Wesselski, Albert, Erlesenes, Prag 1928.

Wildhaber, Robert, Das Sündenregister auf der Kuhhaut (FFC 163), Helsinki 1955.

2. *Sprichwort und Fabel*

Wir wissen trotz zahlreicher neuerer Untersuchungen zur Fabel noch sehr wenig über das wechselseitige Verhältnis von Fabel, Sprichwort und Redensart. Viele Redensarten sind einfach verkürzte Fabeln, und die bloße Anspielung genügt meist, um den Erzählzusammenhang wieder ins Bewußtsein zu rufen. Andererseits aber wird die literarische Fabel oft überhaupt nur als Redensart zum volkstümlichen Allgemeingut; man kann sogar sagen: Die Fabel lebt heutzutage vorwiegend nur noch in Redensarten, und hier hält sie sich zäh, obwohl das Bewußtsein, daß diese Redensarten zu Fabeln gehören, in einer fabelfeindlichen Zeit immer mehr schwindet. Beispiele sind: ›sich nicht in die Höhle des Löwen wagen‹, ›kein Wässerchen trüben können‹, ›sich mit fremden Federn schmücken‹, ›saure Trauben‹, ›den Bock melken‹, ›einen Mohren weiß waschen‹, ›arm wie eine Kirchenmaus‹. Gelegentlich wird ein und derselbe Fabelinhalt sogar mit verschiedenen Redensarten umschrieben, z. B.: ›für einen anderen die Kastanien aus dem Feuer holen‹ und ›sich für einen anderen die Finger (Pfoten) verbrennen‹. In diesen Fällen handelt es sich zumeist um international verbreitete sprichwörtliche Redensarten, die sich bis in die gemein-europäische Äsop-Tradition zurückverfolgen lassen. So manche dieser Redensarten ist nicht erst mittelalterlich oder neuzeitlich aus der Fabel hervorgewachsen, sondern hat schon im antiken parömiologischen Gut als Redensart neben der motivgleichen Fabel bestanden. Das griechische Wort ainos bedeutet sowohl ›Fabel‹ als ›Sprichwort‹, und offenbar sind schon in der Antike so manche Fabeln nur um ein bereits vorhandenes Sprichwort herum gedichtet worden.

Auch die Fabel war ja ursprünglich eine mündliche Erzählform. Des öfteren bildet ein Sprichwort die Morallehre einer Fabelerzählung. So kann die Fabel vom Sprichwort, oder das Sprichwort von der Fabel abhängen. Die Verwandtschaft von Fabel und metaphorischem Sprichwort besteht darin, daß sie beide Formen der verhüllenden Rede sind und sich vielfach derselben inhaltlichen Elemente bedienen *(H. van Thiel)*. Die Verbindung Sprichwort-Fabel scheint ebenso ein Charakteristikum der orientalischen wie auch der Sprichwörter so mancher schriftlosen Völker zu sein. Viele Redensarten afrikanischer und asiatischer Völker sind für uns ganz unverständlich, wenn wir nicht die Volkserzählungen kennen, die sinngleich dahinter stehen.

Literatur:
Dithmar, Reinhard, Die Fabel (UTB), 1971.
Doderer, Klaus, Fabeln, Formen, Figuren, Lehren, 1970.
Harkort, Fritz, Tiervolkserzählungen, in: Fabula 9, 1967, 87-99.
Leibfried, Erwin, Fabel (Sammlung Metzler 66) 3. Aufl. 1976.
Meuli, Karl, Herkunft und Wesen der Fabel, Basel 1954.
Ott, Karl August, Lessing und Lafontaine, in: Germanisch-romanische Monatsschrift 9, 1959, 235-266 (Sprichwort und Fabel bes. S. 252-260).
Perry, B. E., Fable, in: Studium generale 12, 1959, 17-37.
Röhrich, Lutz, Sprichwörtliche Redensarten aus Volkserzählungen, in: Volk-Sprache-Dichtung. Festgabe für Kurt Wagner, 1960, 247-275.
Thiel, Helmut van, Sprichwörter in Fabeln, in: Antike und Abendland 17, 1971, 105-118.
Wienert, Walter, Die Typen der Griechisch-Römischen Fabel (FFC 56), Helsinki 1925 (bes. die Einleitung, S. 6-25).

1. Literaturwissenschaft

Seit dem Beginn der wissenschaftlichen Sammeltätigkeit von
Sprichwörtern im 19. Jh. hat es an Aufrufen zur Sprichwortuntersuchung literarischer Werke nicht gefehlt. Man sah darin schriftliche
Überlieferungen von Sprichwörtern vergangener Zeiten, die nur aus
ihrem Kontext herausgezogen werden mußten, um wichtiges Quellenmaterial für die Sprichwörtersammlung zu liefern. So entstanden
nicht wenige Untersuchungen vom Typ ›Das Sprichwort und die
Redensart bei Dichter X‹, die vor allem Schriftsteller aus dem 16. Jh.
auswerteten. Leider handelt es sich dabei oft nur um bloße Aneinanderreihungen von Sprichwörtern, die nicht zu den wissenschaftlichen Arbeiten gezählt werden können, weil sie oft weder eine genaue Quellenangabe noch eine Sprichwortverifikation enthalten.
Doch auch wissenschaftlich anspruchsvollere Arbeiten haben sich
zum größten Teil auf die reine Quellenforschung beschränkt, ohne
literargeschichtliche Fragen nach der Integrationsweise und der
Funktion der Sprichwörter im literarischen Text zu beantworten.
Das mag für die historische und vergleichende Textforschung der
Sprichwörter genügen, aber der Biologie des Sprichwortes ist damit
kein Dienst erwiesen.

Diese Einseitigkeit wird allerdings heutzutage kaum noch gepflegt, denn Volkskundler und Literaturwissenschaftler interessieren sich mehr und mehr für die Funktionswerte der verschiedenen
volkssprachlichen Elemente. Ganz richtig erklärt *Max Lüthi:*

»Wenn der Volkskundler heute Sprichwortforschung treibt, so tut er es
nicht als Sammler. Sein Ziel ist nicht das Sprichwort-Lexikon. Er fragt vielmehr nach der Rolle des Sprichworts im menschlichen Miteinander [...]
Auch der Literaturwissenschaftler begnügt sich nicht damit, die Sprichwörter [...] listenmäßig zusammenzustellen. Sondern er sieht sehr genau zu, wie
der Dichter sie verwendet, was er mit ihnen erreicht oder zu erreichen sucht
im Zusammenhange des Ganzen« (Volkskunde und Literaturwissenschaft,
S. 261).

Diese funktionalistische Arbeitsmethode führt zu einer interpretatorischen Betrachtungsweise, die allein Aufschluß über die Bedeutung des Sprichwortes in der Literatur der verschiedensten Gattungen und Epochen geben kann.

Das soll nun nicht heißen, daß das Zusammenstellen des Sprichwortmaterials eines Literaturwerkes nicht zur literarischen Sprichwortuntersuchung dazugehört. Im Gegenteil ist die wissenschaftliche Identifikation der Sprichwörter und deren alphabetische Aufstellung in einem nach Hauptstichwörtern geordneten Register unbedingt erforderlich. Dieses Register sollte für jedes Sprichwort den genauen Text, die Quellenangabe sowie die Belegstelle aus *Karl Friedrich Wilhelm Wanders* »Deutsches Sprichwörterlexikon« (1867-1880) oder anderen Standardsammlungen enthalten. Dadurch werden Varianten registriert und Beweise für die Geläufigkeit der Sprichwörter zu verschiedenen Zeiten geliefert, die für die Quellenforschung von größter Wichtigkeit sind. Nur durch solches Vergleichsmaterial lassen sich Standardwerke wie das von Wander vervollständigen.

Doch der Literaturwissenschaftler darf mit diesem ersten Teil der Arbeit nicht aufhören, sondern muß sich der Interpretation des Sprichwortmaterials zuwenden. Es gilt, die Gebrauchsfunktion der Sprichwörter zu untersuchen, die vor allem von den Intentionen des Schriftstellers und dessen historischem Dasein bedingt wird. So benutzen z. B. *Freidank* im Mittelalter und *Hans Sachs* im 16. Jh. die Sprichwörter meist als lehrhafte Sprachformel, eine Folge der vorherrschenden Didaktik dieser Zeiten. Aber auch Prediger wie *Geiler von Kaisersberg* oder *Abraham a Santa Clara* verwenden Sprichwörter aus volkserzieherischen Gründen. Wiederum wird das Sprichwort bei satirischen Schriftstellern wie *Johann Fischart* oder in neuerer Zeit *Karl Kraus* mehr als bloßstellende Waffe gegen den kranken Zeitgeist benutzt. *Thomas Mann* integriert Sprichwörter sogar als Leitmotiv, und *Bertolt Brecht* schuf durch ausgeklügelte Variationen aufrüttelnde Parodien und Verfremdungen.

Bisher haben Literaturhistoriker vor allem europäische Autoren des Mittelalters, des 16., 17. und 19. Jhs. auf den Gebrauch von Sprichwörtern hin untersucht, deren Ergebnisse *Wolfgang Mieder* in drei Forschungsberichten zusammengestellt hat. Trotzdem bestehen auch für diese Epochen noch sehr große Lücken, so daß sich kaum allgemeine Aussagen machen lassen. Erst aus vielen Einzelstudien ergäbe sich z. B. ein Bild über die Gebrauchsfunktion des Sprichwortes bei den Expressionisten. Dazu müßten auch die Tagebücher und Briefe der Dichter durchforscht werden, denn oft gibt ein Schriftsteller Aufschlüsse über seine Verwendung von Sprichwörtern, besonders wenn er sie als bewußtes Stilmittel benutzt. Auch hat man bisher zu einseitig Prosawerke und Dramen nach Sprichwörtern durchforscht. Gerade die moderne Lyrik von *Bertolt Brecht, Erich Kästner, Hans Magnus Enzensberger, Günter Kunert* etc. ist reich an sprichwörtlichem Material, das wegen parodistischer Verdrehungen von besonderem Interesse ist. Es gibt regelrechte

Sprichwortgedichte und Sprichwortgeschichten, und Sprichwort-
schauspiel (Proverbe dramatique) sind schon seit dem 17. Jahrhun-
dert in Frankreich aber auch in Deutschland überliefert, die heutzutage als Sprichwortscharaden ihre Fortsetzung in Gesellschaftsspie-
len finden.

Dem volkskundlich interessierten Literaturwissenschaftler bietet sich hier
ein äußerst differenziertes Arbeitsgebiet an. Jeder Dichter, vom Mundart-
dichter bis zum intellektuellen Schriftsteller, läßt eine Sprichwortuntersuchung zu. Unter den modernen Schriftstellern werden nicht alle so sprichwortreich sein wie *Bertolt Brecht, Erwin Strittmatter, Carl Zuckmayer* und
Martin Walser, aber dafür verwenden andere Autoren wie *Alfred Döblin,
Heinrich Böll* und *Günther Grass* ihre Sprichwörter nicht weniger aufschlußreich. Überhaupt wird sich die Sprichwörterfrequenz bei ein und demselben
Dichter oft von Werk zu Werk unterscheiden, und auch solche Häufigkeits-
studien und deren Bedeutung für das schriftstellerische Werk gehören zum
Aufgabenkreis des am Sprichwort interessierten Literaturhistorikers. Die
Identifikation und Interpretation des Sprichwortmaterials im Werke eines
Dichters können zweifelsohne zusammen mit anderen Interpretationsmög-
lichkeiten zu einem tieferen Verständnis der Dichtung führen, da Sprichwör-
ter prägnante Formulierungen menschlicher Erkenntnisse enthalten.

Literatur:

Die zahlreichen Einzelstudien zum Sprichwortgebrauch bei Autoren
brauchen hier nicht erwähnt zu werden, da sie in *Wolfgang Mieders* For-
schungsberichten bereits bibliographisch erfaßt sind.

Bausinger, Hermann, Formen der »Volkspoesie«, 1968.
Brenner, Clarence, Le Développement du proverbe dramatique en France et
sa vogue au XVIIIe siècle, Berkeley/Calif. 1937.
Cuscoy, Luis Diego, Paremiologia y literatura, in: Archivos Venezolanos de
Folklore 1, 1952, 81-91.
Doyle, Charles Clay, On Some Paremiological Verses, in: Proverbium 25,
1975, 979-982.
Dundes, Alan, The Study of Folklore in Literature and Culture: Identifica-
tion and Interpretation, in: Journal of American Folklore 78, 1965,
136-142.
Hoffman, Daniel, Folklore in Literature: A Symposium, in: Journal of
American Folklore 70, 1957, 1-24.
Lüthi, Max, Volkskunde und Literaturwissenschaft, in: Rheinisches Jahr-
buch für Volkskunde 9, 1958, 255-283. Auch in *M. Lüthi,* Volksmärchen
und Volkssage, Bern 1966, S. 160-184.
Lüthi, Max, Volksliteratur und Hochliteratur, Bern 1970.
Mieder, Wolfgang, Das Sprichwort und die deutsche Literatur, in: Fabula
13, 1972, 135-149.
Mieder, Wolfgang, The Proverb and Anglo-American Literature, in: South-
ern Folklore Quarterly 38, 1974, 49-62.
Mieder, Wolfgang, The Proverb and Romance Literature, in: Romance
Notes 15, 1974, 610-621.

Mieder, Wolfgang, The Essence of Literary Proverb Studies, in: Proverbium 23, 1974, 888-894. Auch in: New York Folklore Quarterly 30, 1974, 66-76.

Petsch, Robert, Volkskunde und Literaturwissenschaft, in: Jahrbuch für historische Volkskunde 1, 1925, 139-184.

Röhrich, Lutz, Deutschunterricht und Volkskunde, in: Deutschunterricht 13, Heft 1, 1961, 77-112.

Seiler, Friedrich, Das deutsche Sprichwort, 1918, S. 12-15.

Seiler, Friedrich, Deutsche Sprichwörterkunde, 1922; 1967, S. 46-66.

Taylor, Archer, Folklore and the Student of Literature, in: The Pacific Spectator 2, 1948, 216-223.

Taylor, Archer, The Proverb, Cambridge/Mass. 1931; Hatboro/Pa. 1962, S. 171-183.

Werner, Richard, Zur Geschichte der »Proverbes dramatiques«, in: Programm des Sophien-Realgymnasiums, Berlin 1887, S. 1-24.

2. Sprachgeschichte

Sprachwissenschaftler haben dem Sprichwort zusammen mit Volkskundlern seit langem ein reges Interesse entgegengebracht. Ein Blick in die philologischen Zeitschriften läßt erkennen, wie zahlreich Studien vom Typ ›Die Bedeutung des Sprichwortes (der Redensart) X‹ verfaßt worden sind. *Johannes Bolte, Alfred Götze, Reinhold Köhler, Leopold Schmidt, Hermann Schrader, Archer Taylor, Oskar Weise* und *Albert Wesselski,* um nur einige Wissenschaftler zu nennen, haben viele kultur- und sprachgeschichtliche Studien zu Sprichwörtern und Redensarten verfaßt, um deren Bedeutung zu entschlüsseln. Die beste Übersicht über diese Erklärungsversuche gibt *Lutz Röhrichs* »Lexikon der sprichwörtlichen Redensarten« (1973), wo viele dieser versteckten Untersuchungen auch bibliographisch erfaßt sind. Röhrich hat eine gewisse ›Erklärungsbedürftigkeit‹ als eines der charakteristischen Merkmale von Sprichwörtern und Redensarten bezeichnet, und oft kann die Bedeutung dieser Sprachbilder überhaupt erst mit Hilfe der Sprachgeschichte aufgeklärt werden (S. 29). Alte Sprachformen und längst vergessene Wortbedeutungen haben sich im Sprichwortgut erhalten, die wichtige Aufschlüsse über den Sprachgebrauch älterer Zeiten zulassen.

Als Beispiele können folgende Sprichwörter und Redensarten gelten: ›Wo nichts ist, da reist nichts‹ (ahd. rîsan in der Bedeutung niedersinken, fallen) = Wo nichts ist, fällt auch für andere nichts ab. ›Unrecht Gut faselt (= gedeiht) nicht‹. ›Witz (= Verstand) kann für Unglück litz‹ (= lützel; Klugheit vermag wenig gegen Unglück). ›Gut (gutes) Ding will Weile haben‹. ›Kind und Kegel‹ (Kegel = uneheliche Kinder). ›Schlecht (schlicht) und recht‹.

Ohne kulturgeschichtliche Wortforschungen sind solche und viele andere Sprichwörter und noch mehr die Redensarten nicht deutbar, und selbst zahlreiche Untersuchungen zu Redensarten wie ›Wissen, wo Barthel den Most holt‹ oder ›Schabab sein (werden)‹ haben diese bisher nicht eindeutig zu erklären vermocht.

Wer als Sprachwissenschaftler Mundartforschung betreibt, wird auf dem Gebiet der Mundartsprichwörter noch viele Arbeitsmöglichkeiten vorfinden. Die meisten der allgemein bekannten Sprichwörter haben außer ihrer hochdeutschen Standardform zahlreiche Dialektvarianten, die für die vergleichende Sprachforschung von größtem Interesse sind. Das Sprichwort ›Besser eine Laus im Kraut als gar kein Fleisch‹ lautet z. B. in der Schweiz ›Besser a Lus im Kabis as gar ke Fleisch‹, in Ostfriesland ›Bäter a Lûs in'n Kôl as gâr kên Flêsk‹, in Schwaben ›Besser a Laus im Kraut als gar koan Floasch‹, in Siebenbürgen ›Uch en Lous äm Krokt äs biesser wä niche Flîsch‹ und in Preußen ›E Luus ön e Komst öss beter als gar keen Fleesch‹. In den Mundartwörterbüchern sind solche Varianten zahlreich zu finden, und man könnte daraus leicht neue Sprichwörtersammlungen der verschiedenen Mundarten zusammenstellen. Diese würden die wenigen bisher existierenden Dialektsammlungen ergänzen und ließen sich besonders für die Dialektgeographie verwenden. Bisher bestehen allerdings noch keine kartographischen Ausarbeitungen von Mundartsprichwörtern. Ein dafür wichtiges Quellenmaterial sind natürlich auch die Mundartdichtungen von *Johann Peter Hebel, Jeremias Gotthelf, Fritz Reuter, Klaus Groth* etc. Außerdem würde die Feldforschung für solche Mundartvarianten in der heutigen Volkssprache reiches Material zusammentragen können, denn gerade die Sprichwörter, Redensarten und Vergleiche spielen als formelhafte Sprachmuster auch heute eine große Rolle in den Mundarten.

Erwähnt werden sollen aber auch die Sprichwortentlehnungen aus anderen Sprachen. Wie die Sprachforschung einzelne Wortentlehnungen nachgewiesen hat, so können ähnliche Aneignungsprozesse auch für Sprichwörter und Redensarten festgestellt werden. Die Erforschung der Lehnsprichwörter hat *Friedrich Seiler* in seinem vierbändigen Werk »Das deutsche Lehnsprichwort« (1921-1924) begründet, aber auf diesem Gebiet könnten heute besonders für die anglo-amerikanischen Sprichwörter und Redensarten, die entweder in der Fremdsprache oder in der Übersetzung in den deutschen Sprachgebrauch aufgenommen werden, interessante Sprachstudien angestellt werden.

Schließlich sei noch auf die mit der Sprachforschung eng verbundene Namenforschung hingewiesen. Es gibt Hunderte von Sprichwörtern, die Personen-, Orts- oder andere Namen enthalten, wie z. B. ›Was Hänschen nicht lernt, lernt Hans nimmermehr‹ und ›Alle Wege führen nach Rom‹. *Paul Straubinger* hat deutsche Sprichwörter mit Namen sprachlich untersucht und festgestellt, daß es zwar viele international verbreitete Namensprichwörter gibt, daß allerdings die nur regional geläufigen Sprichwörter, deren Namen sich auf völlig unbekannte Personen oder Orte beziehen, bedeutend zahlreicher sind. Oft ergeben diese Namen überhaupt keinen Sinn und lassen sich erst durch intensive Namenforschung entschlüsseln. Somit erweist sich das sprachgeschichtliche Studium einzelner Wörter und ihrer Bedeutungen für die Bestimmung des Alters, der Herkunft und der Bedeutung vieler Sprichwörter als unerläßlich.

Literatur:
Berthold, Luise, Mittelalterliche Sprichwörter und das moderne Mundart-
  wörterbuch, in: Hessische Blätter für Volkskunde 39, 1940, 64-67.
Dünninger, Josef, Volkswelt und geschichtliche Welt, 1937, S. 182-197.
Havers, Wilhelm, Sprachwissenschaft und Volkskunde, in: Blätter zur Bay-
  rischen Volkskunde 10, 1925, 5-21.
Latendorf, Friedrich, Über die sprichwörtliche Anwendung von Vornamen
  im Plattdeutschen, in: Die deutschen Mundarten 3, 1856, 370-374.
Mackensen, Lutz, Philologie und Volkskunde, in: Niederdeutsche Zeit-
  schrift für Volkskunde 4, 1926, 115-128.
Maurer, Friedrich, Volkssprache, 1964.
Mieder, Wolfgang, International Bibliography of Explanatory Essays on
  Proverbs and Proverbial Expressions Containing Names, in: Names 23,
  1975 (im Druck).
Müller, Josef, Rede des Volkes, in: Deutsche Volkskunde, hrsg. von John
  Meier, 1926, S. 169-192.
O'Kane, Sister Eleanor, What's in a Name? in: Proverbium 15, 1970,
  508-510.
Riesel, Elise, Der Stil der deutschen Alltagsrede, 1970, S. 310-345.
Straubinger, Paul, Given Names in German Proverbs, Diss. University of
  California/Los Angeles, 1949.
Straubinger, Paul, Names in Popular Sayings, in: Names 3, 1955, 157-164.
Straubinger, Paul, Name Clues in Proverbs, in: Names 9, 1961, 112-116.
Stroh, Fritz, Stil der Volkssprache, in: Hessische Blätter für Volkskunde 29,
  1930, 119-139.
Taylor, Archer, The Use of Proper Names in Wellerisms and Folk Tales, in:
  Western Folklore 18, 1959, 287-293.
Terner, Emil, Die Wortbildung im deutschen Sprichwort, 1908.
Waldfreund, J. E., Sprichwörtlich angewendete Vornamen und damit ver-
  bundene Kinderreime, in: Die deutschen Mundarten 3, 1856, 314-317.
Weise, Oskar, Die volkstümlichen Vergleiche in den deutschen Mundarten,
  in: Zeitschrift für deutsche Mundarten 16, 1921, 169-179.
Will, Wilhelm, Die Volkssprache, in: Handbuch der deutschen Volkskunde,
  Bd. 3, 1934, S. 301-321.

Bildquellen für das Sprichwort sind noch nicht systematisch erschlossen worden. Doch gibt es bestimmte historische Quellengruppen, in denen die bildliche Darstellung von Sprichwörtern und Redensarten immer wieder vorkommt:

1. die Misericordien der spätmittelalterlichen Chorgestühle,
2. die humanistischen Buchillustrationen,
3. die niederländische Malerei und Graphik,
4. die Emblembücher des 16. und 17. Jhs.,
5. die populäre Druckgraphik vom 16. bis zum 19. Jh., Bilderbogen etc.

Mittelalterliche Illustrationen sind seltene und glückliche Funde, wie etwa das von *G. Frank* und *D. Miner* veröffentlichte französische Sprichwörtermanuskript, das in Baltimore aufbewahrt wird und köstliche Illustrationen für zahlreiche Sprichwörter bietet. Die illustrierten Sachsenspiegelhandschriften enthalten mannigfache Darstellungen von Rechtssprichwörtern. Wichtige Frühbelege sind auch die spätmittelalterlichen flämischen und niederländischen Chorgestühlschnitzereien (Misericordien). Auf einem Fragment eines niederländischen Wandteppichs, der um 1480 entstanden sein muß und im Museum in Boston/Mass. aufbewahrt wird, sind 6 Redensarten dargestellt (›Pfeilerbeisser‹, ›Wasser in der einen, Feuer in der anderen Hand tragen‹, ›sich zwischen zwei Stühle setzen‹, ›der Katze die Schelle umhängen‹, ›für den Teufel eine Kerze anzünden‹, ›einen blauen Mantel umhängen‹). Es ist wahrscheinlich, daß weitere Wandteppiche mit ähnlichen Redensartenfolgen bestanden haben, ja sogar daß sie in ganzen Serien gewirkt worden sind.

Unbestrittener Höhepunkt der Gattung sind die »Niederländischen Sprichwörter« *Pieter Bruegels d. Ä.* von 1559, die sich heute in den Berliner Kunstsammlungen befinden. Auf einer Bildfläche von 117 x 163 cm sind über hundert Sprichwörter und Redensarten wiedergegeben, die durch eine oder mehrere Bildfiguren oder Motive illustriert sind. Ein verwirrendes, unverständliches Nebeneinander bestimmt den ersten Eindruck. Genauere Betrachtung läßt jedoch bald eine merkwürdige Logik innerhalb des Bildgeschehens erkennen. Bruegel hat es verstanden, die vielfältigen Einzelszenen miteinander zu verknüpfen und zugleich durch die Farbgebung das Augenmerk auf jene Szenen zu lenken, die den Schlüssel zum Verständnis des gesamten Werkes liefern. Sein Redensartenbild war für Bruegel kein primärer Selbstzweck, etwa die Anlage eines Archivs der zeitgenössischen Umgangssprache für die Nachwelt, sondern es ist eine verkehrte und törichte Welt, die Bruegel weniger humoristisch als vielmehr pessimistisch und bitter-satirisch geschildert hat. Es ist vorwiegend ein falsches, sinnloses und zweckloses Verhalten der Menschen, das redensartlich umschrieben dargestellt worden ist.

Was die Leute auch immer tun auf dem Bild, ob sie ›den Brunnen zuschütten, nachdem das Kalb darin ertrunken ist‹, ob sie ›den Mantel nach dem Wind hängen‹, ›Federn in den Wind streuen‹, ›sich gegenseitig an der Nase herumführen‹, ›hinter dem Netz fischen‹ – alles ist vergeblich, närrisch, und diese Deutung wird noch unterstrichen durch die Dumpfheit der Gesichter. Die verkehrte Welt wird ganz buchstäblich als auf dem Kopf stehend dargestellt. Das große Haus in der linken Bildhälfte ist ein Gasthaus zur verkehrten Welt, auf dessen Schild das Kreuz nach unten zeigt. Eine andere Gruppe von Sprichwörtern spielt auf die Todsünden an. ›Zwei Hunde an einem Bein kommen selten überein‹ bietet ein Sinnbild des Neides (invidia). Den blinden Zorn (ira) verkörpert ein Mensch, der mit dem Kopf durch die Wand rennt. Die Schlaraffenlandmotivik illustriert das Motiv der Völlerei. Das Fabelmotiv vom Kranich, der den Fuchs zu Gast hat, bezeichnet den Betrug. Herr der verkehrten Welt ist der Teufel, der in mehreren Szenen dargestellt ist (›beim Teufel zur Beichte gehen‹, ›dem Teufel eine Kerze anzünden‹).

Im Niederländischen bedeutet ›verkeerd‹ nicht nur verkehrt sondern auch unrecht oder böse. Sicherlich beabsichtigte Bruegel mit seiner Darstellung ein Abbild der verkehrten gottesfernen Welt zu entwerfen, in der die Menschen ihre Zeit nutzlos mit Torheiten vertun. Die Menschen werden nicht als Individualitäten gezeichnet; sie agieren, ohne auf ihre Umwelt zu achten, gleich Marionetten auf einer Bühne. Vor dem großen Redensartenbild entstanden 12 Rundbildchen, die ebenfalls sprichwörtliche Einzelszenen darstellen und zwar zusammen mit dem Kontext des Sprichworts. In vielen Fällen ist es eine ältere ikonographische Tradition, die Bruegel mit seinen redensartlichen Szenen aufgenommen hat. Vorlage Bruegels war ein nur als Bruckstück erhaltener Kupferstich des Mechelner Stechers *Frans Hogenberg* aus dem Jahre 1558: ›De blauwe Huyck‹. Der Titel spielt auf die regelmäßig im Vordergrund der Abbildungen dargestellte Szene an, in der eine junge Frau ihrem ältlichen Mann einen blauen Mantel umhängt, sprachliche und bildliche Umschreibung für Täuschung, Betrug und Ehebruch. Auch Bruegel hat diese Szene mit dem blauen Mantel nicht ohne Grund in den Blickpunkt seines ganzen Gemäldes gerückt. Die populäre Druckgraphik war sicherlich von ungleich größerer Wirkung als ein einzelnes Gemälde Bruegels, das jahrhundertelang im Privatbesitz verborgen war und erst 1914 aus englischem Privatbesitz für das Berliner Staatliche Museum erworben und damit einer breiten Öffentlichkeit zugänglich gemacht wurde. Dabei ist die Redensartendarstellung wesentlich eine niederländisch-flämische Tradition. Die Darstellung von Sprich-

wörtern und Redensarten läßt sich jedenfalls in der flämisch-nieder-
ländischen Druckgraphik bis ins 18. Jh. hinein verfolgen. Es gibt jedoch auch deutsche Kupferstiche (mit entsprechenden Bildunter-
schriften), die in Anlehnung an die Hogenberg-Tradition entstanden sind. Spätere Bilderbogen haben die Sprichwörter-Gesamtdar-
stellung in einzelne Szenenfolgen aufgelöst. Sprichwort-Darstellun-
gen finden sich bis in das Repertoire der Neuruppiner oder der
Münchner Bilderbogen.

Das Thema der ›verkehrten Welt‹ schlägt die Brücke zu den
Sprichwort- und Redensartendarstellungen in *Sebastian Brants*
»Narrenschiff« (1494). Die Zugehörigkeit der einzelnen Narrenty-
pen zu bestimmten Kategorien drückt Seb. Brant durch verschiedene sprichwörtliche Redensarten aus, die in Wort und Bild vorge-
führt werden. Ebenso interessant sind *Thomas Murners* »Narrenbeschwörung« und »Schelmenzunft« mit ihren Illustrationen. Das Zusammen von Bild und Textparaphrase gibt uns einen Einblick in die
lebendige Funktion des Sprichworts um 1500 und in den seither ein-
getretenen Funktionswandel. Ein besonders ergiebiger Künstler für
das Sprichwort ist auch *Hans Weiditz*. Andere Darstellungen sind
Einzelstücke. Von *Hans Altdorfer* gibt es z. B. ein Gemälde ›Der
Bettel folgt dem Hochmut auf der Schleppe‹; von *Jacob Jordaens* eines zum Thema ›Das Auge des Herrn macht das Pferd fett‹. Ein von
den Folkloristen überhaupt noch kaum ausgewertetes Quellengebiet
sind die Emblematikbücher des 16. und insbesondere des 17. Jhs. In
Daniel Meisners »Thesaurus politicus, d. i. politisches Schatzkäst-
lein« (Frankfurt 1625) werden vor dem Hintergrund von Ansichten
europäischer Städte hunderte von Sprichwortszenen abgebildet. Im
19. Jh. hat *Moritz von Schwind* als Zeichner für die ›Fliegenden Blätter‹ zahlreiche sprichwörtliche Redensarten bildlich dargestellt.
Eine weitere Anzahl von Sprichwörtern hat der englische Karikaturist *George Cruikshank* in einer Serie über die Folgen der Trunken-
heit illustriert. Im 20. Jh. setzen andere satirische Illustratoren die
Sprichwort- und Redensartenillustrationen fort (z. B. der schwedi-
sche Karikaturist *Robert Högfeld*). Die Darstellung von Sprichwörtern und Redensarten reicht bis in die illustrierte Industriewerbung
der Gegenwart. Insbesondere arbeitet auch die politische Karikatur
ständig mit der Übertragung sprichwörtlicher Bilder ins gemalte
oder gezeichnete Bild. Schon die Sichtbarmachung des Sprachbildes
löst einen komischen Konflikt aus. Das Surreale, von der Wirklichkeit Abweichende lenkt in hohem Maße die Aufmerksamkeit auf
sich. Und dies soll und will die Sprache der industriellen Werbung
ebenso wie die der politischen Propaganda. Die Bildhaftigkeit der
Sprichwörter und der sprichwörtlichen Redensarten hat die Maler

und Graphiker immer wieder verlockt, diese sprachlichen Gebilde ins Bild umzusetzen. Erst in der Bildrealisation wird uns die Phantastik des sprachlichen Ausdrucks ganz bewußt gemacht. Bei den Redensartendarstellungen empfinden wir überhaupt erst voll, was sprichwörtliche Redensarten eigentlich sind, nämlich: sprachliche Wendungen, die mit der wirklichen Welt nicht oder nicht mehr in Einklang stehen.

Nach dem Ausflug in die Kunsthistorie sei auch einer in die Musikgeschichte gestattet: Es gibt eine Folge von vierstimmigen Kurzsätzen – beginnend mit ›Aller Anfang ist schwer‹, abschließend mit ›Ende gut, alles gut‹ – von *Joseph Haydn*, eine auch bei Musikfreunden meist unbekannte Komposition. Doch seien Liebhaber gewarnt: Die Sätze sind sehr schwer und nicht nur in dem Teil ›Jedem das Seine‹, in dem jede Stimme in einer anderen Taktart zu singen hat.

Literatur:

Bolte, Johannes und *Weinitz, Franz*, Die niederländischen Sprichwörter, in: Zeitschrift des Vereins für Volkskunde 25, 1915, 292–305.

Brednich, Rolf Wilhelm, Die holländisch-flämischen Sprichwortbilderbogen vom Typus ›De blauwe Huyck‹, in: Miscellanea K. C. Peeters, Antwerpen 1975, S. 120-131.

Fraenger, Wilhelm, Der Bauernbruegel und das deutsche Sprichwort, Erlenbach, Zürich, München und Leipzig 1923.

Frank, Grace and *Miner, Dorothy*, Proverbes en Rimes, Text and Illustrations of the 15th Century from a French Manuscript in the Walters Art Gallery Baltimore, Baltimore 1937.

Grauls, Jan, De spreekworden van Pieter Bruegel den oude verklaard, Antwerpen 1938.

Grauls, Jan, Volkstaal en volksleven in het werk van Pieter Bruegel, Antwerpen u. Amsterdam 1957.

Grosshand, R., Pieter Bruegel d. Ä., Die niederländischen Sprichwörter, Staatliche Museen, Berlin 1973.

Henkel, Arthur und *Schöne, Albrecht*, Emblemata. Handbuch zur Sinnbildkunst des 16. und 17. Jhs., 1967, ²1976.

Lebeer, Louis, De blauwe Huyck, in: Gentsche Bijdragen tot de Kunstgeschiedenis, Bd. 6, Antwerpen 1939 - 1940, 161-226.

Lemmer, Manfred, Die Holzschnitte zu Sebastian Brants Narrenschiff (Insel-Bücherei 593), 1964.

Meertens, Pieter Jacobus, Proverbs in Emblem Literature, in: Proverbium 15, 1970, 82-83.

Meyer, Maurits de, Sources iconographiques inexplorées de proverbes et dictons des siècles passés, in: Proverbium 14, 1969, 396-398.

Meyer, Maurits de, De blauwe Huyck, in: Proverbium 16, 1971, 564-575.

Mieder, Wolfgang, Bibliographischer Abriß zur bildlichen Darstellung von Sprichwörtern und Redensarten, in: Forschungen und Berichte zur Volkskunde in Baden-Württemberg 3, 1976 (im Druck). In diesem Forschungsbericht sind über 100 Arbeiten verzeichnet.

Peesch, Reinhard (Hrsg.), Zwischen Kunstgeschichte und Volkskunde. Festschrift für Wilhelm Fraenger (Veröffentlichung des Inst. f. Dt. Vkde. 27), 1960.

Roh, Franz, Die Niederländischen Sprichwörter, 2. Aufl., 1967.

Röhrich, Lutz, Sprichwörtliche Redensarten in bildlichen Zeugnissen, in: Bayerisches Jahrbuch für Volkskunde, 1959, 67-79 sowie Abb.-Tafeln 29-45.

Röhrich, Lutz, Die Bildwelt von Sprichwort und Redensart in der Sprache der politischen Karikatur, in: Kontakte und Grenzen. Festschrift für Gerhard Heilfurth, 1969, 175-207.

Röhrich, Lutz, Lexikon der sprichwörtlichen Redensarten, 2 Bde., 2. Aufl. Freiburg i. Br. 1976 (enthält über 600 Abbildungen).

Schultz, Franz, Das Narrenschiff und seine Holzschnitte, Strassburg 1912.

Siple, Ella S., Flemish Proverb Tapestry in Boston, in: Burlington Magazine 63, 1933, 29-35.

Stridbeck, Carl Gustav, Bruegelstudien. Untersuchungen zu den ikonologischen Problemen bei Pieter Bruegel d. Ä. (Acta Universitatis Stockholmiensis 2), Uppsala 1956.

Würtenberger, Franzsepp, Bruegel d. Ä. und die altdeutsche Kunst, 1957.

4. Anthropologie und Soziologie

Von dem Umstand ausgehend, daß Sprichwörter eine wichtige kommunikative Rolle im Leben einer Sprachgemeinschaft übernehmen, haben Anthropologen und Soziologen dem Gebrauch und der Funktion des Sprichwortes im Gesellschaftsleben eine beachtliche Aufmerksamkeit entgegengebracht. *Andreas Walthers* Definition des Sprichwortes als »volkshafte Urform des systematischen Sozialdenkens« bzw. als »volkhafte Sozialweisheit« (S. 360) drückt aus, wie aufschlußreich das Studium der Sprichwörter für das Sozialbild einer Gemeinschaft sein kann. Das zeigt z. B. die frühe Studie von *Raymond Firth*, in der an Hand von Sprichwörtern das soziale Wertsystem der Maoris Neuseelands nachgewiesen wird. Ähnliche Untersuchungen, die sich durch ihre situationsgebundene Arbeitsweise auszeichnen, liegen vor allem für verschiedene Eingeborenenstämme Afrikas vor. *James Christensen* und *John Messenger* verzeichnen höchst interessante Ergebnisse über den rechtlichen Sprichwörtergebrauch unter den Eingeborenen, wo es in Rechtsfällen zu regelrechten Sprichwortgefechten kommt, und ein überzeugendes Sprichwort schließlich die Schuldfrage klären kann. Andere Studien geben einen Einblick in die Verwendung von Sprichwörtern in der Kindererziehung und weisen darauf hin, daß die belehrende Funktion der Sprichwörter gerade in primitiven Gesellschaften eine wichtige Rolle spielt. Interessant ist in diesem Zusammenhang auch die Arbeit von *Oyekan Owomoyela* über die soziologische Bedeutung der obszönen Sprichwörter der Yoruba-Sprache, denn darüber ist in bezug auf deutsche Sprichwörter wenig bekannt, weil die Sammler bisher aus Prüderie anstößige Sprichwörter nicht registriert haben. Für weitere afrikanische Studien bietet inzwischen *Matti Kuusis* wissenschaftlich hervorragende Sammlung der »Ovambo Proverbs with African Parallels« (Helsinki 1970) wichtiges vergleichendes Material.

Über die Biologie des Sprichwortes unter den Eingeborenen Afrikas ist durch sozial-anthropologische Untersuchungen inzwischen mehr bekannt als über das Leben des Sprichwortes in den modernen Industriegesellschaften. Für Analphabeten sind Sprichwörter als leicht zu behaltende Ausdrücke gesellschaftlicher Normen selbstverständlich von größter Bedeutung, denn sie enthalten Erfahrungsregeln, Nützlichkeitsratschläge und ethische Mahnungen, verkörpern Rechtsauffassungen und werden allgemein als Autoritätssprüche akzeptiert und verwendet. Als soziale Normen gelten aber auch viele Sprichwörter in den komplexeren Gesellschaften, wie es *Jack Daniel* z. B. für den afroamerikanischen Sprichwörtergebrauch deutlich nachgewiesen hat. Daniel stellt fest, daß gerade Sprichwörter als Ausdruck von Empfindungs- und Denkweisen einer Gemeinschaft Rückschlüsse auf sozialkulturelle Gegebenheiten zulassen. So sind unter der schwarzen Bevölkerung der Vereinigten Staaten Sprichwörter in der Kindererziehung und in der Argumentation von besonderer Bedeutung, und überhaupt werden Sprichwörter in hoher Frequenz im allgemeinen Sprachgebrauch benutzt.

Es hat allerdings auch Behauptungen gegeben, die dem Sprichwort im sozialen Leben keine Bedeutung mehr zusprechen. Die Soziologen *William Albig* und *J. O. Hertzler* argumentierten schon in den dreißiger Jahren, daß Sprichwörter in einer gebildeten Gesellschaft kaum verwendet werden, weil viele durch die technische Entwicklung überholt sind und weil der gebildete Mensch dem Sprichwort eigene Formulierungen vorzieht. Die beiden Wissenschaftler wollen im Sprichwort hauptsächlich ›survivals‹ (Überbleibsel) älterer sozialkultureller Situationen sehen, ohne daß sie sich der Variationsmöglichkeiten und Anpassungsfähigkeiten der Sprichwörter bewußt werden. Nach wie vor findet das Sprichwort in allen Gesellschaftskreisen seine Anwendung. Wer ein Sprichwort benutzt, hat die Autorität der Gemeinschaft auf seiner Seite und kann so ohne persönliches Risiko seine Meinung überzeugend ausdrükken. *Joseph Raymond* spricht diesbezüglich von Sprichwörtern als »social safety valves« (S. 154), d. h. gesellschaftliche Sicherheitsventile, womit manches gesagt werden kann, was sonst zu direkt oder riskant wäre. Weitere soziologische Sprichwortuntersuchungen sind allerdings notwendig, um über die gesellschaftlich normierende Bedeutung der Sprichwörter zu verschiedenen Zeiten und Situationen urteilen zu können.

Literatur:
Albig, William, Proverbs and Social Control, in: Sociology and Social Research 15, 1931, 527-535.
Arewa, E. Ojo und Alan Dundes, Proverbs and the Ethnography of Speaking Folklore, in: American Anthropologist 66, 1964, 70-85.
Bain, Read, Verbal Stereotypes and Social Control, in: Sociology and Social Research 23, 1939, 431-446.
Bogardus, Emory S., Development of Social Thought, New York 1955, S. 10-27.
Burke, Kenneth, The Philosophy of Literary Form: Studies in Symbolic Action, Baton Rouge/Louisiana 1941, S. 253-262.
Christensen, James Boyd, The Role of Proverbs in Fante Culture, in: Africa 28, 1958, 232-243.
Daniel, Jack, Towards an Ethnography of Afroamerican Proverbial Usage, in: Black Lines 2, Heft 4, 1973, 3-12.
Firth, Raymond, Proverbs in Native Life, with Special Reference to those of the Maori, in: Folklore 37, 1926, 245-270 und 38, 1927, 134-153.
Hertzler, Joyce O., The Social Wisdom of the Primitives with Special Reference to Their Proverbs, in: Social Forces 11, 1933, 313-325.
Jason, Heda, Proverbs in Society: The Problem of Meaning and Function, in: Proverbium 17, 1971, 617-623.
Loeb, Edwin, The Function of Proverbs in the Intellectual Development of Primitive Peoples, in: Scientific Monthly 74, 1952, 100-104.
Messenger, John C., The Role of Proverbs in a Nigerian Judicial System, in: Southwestern Journal of Anthropology 15, 1959, 64-73.
Nordland, Odd, Ordtak, sosial funksjon og kultursamanheng, in: Norveg 7, 1960, 49-92.
Owomoyela, Oyekan, The Sociology of Sex and Crudity in Yoruba Proverbs, in: Proverbium 20, 1972, 751-758.
Raymond, Joseph, Tensions in Proverbs: More Light on International Understanding, in: Western Folklore 15, 1956, 153-158.
Seitel, Peter, Proverbs: A Social Use of Metaphor, in: Genre 2, 1969, 143-161.
Walther, Andreas, Volkhafte Sozialweisheit und Spitzenkultur, in: Vom Geist der Dichtung, Gedächtnisschrift für Robert Petsch, Hamburg 1949, S. 358-380.

5. Psychologie

Sprichwörter sind für psychologische Tests schon seit geraumer Zeit verwendet worden. Im Jahre 1906 benutzte *J. Finck* einen Sprichworttest als Intelligenzprüfung, worin die Testpersonen die Bedeutung von Sprichwörtern zu erklären hatten. Seit den fünfziger Jahren wurde dann der sogenannte »Proverbs Test« von *Donald R. Gorham* zu dem Sprichworttest überhaupt. Wie Finck geht Gorham davon aus, daß Sprichwörter im allgemeinen Sprachbilder enthalten, die nur durch abstraktes Denkvermögen verstanden werden können. Die Testperson muß die Bedeutung für jedes Sprichwort aus vier angegebenen Sätzen aussuchen, und der Test mißt dann ihre Abstraktionsfähigkeit (d. h. Intelligenz). Heutzutage findet dieser Test allerdings vor allem in der Ermittlung der Schizophrenie seine Anwendung. Schizophrenen Patienten fehlt nämlich die Fähigkeit zum abstrakten Denken, und somit haben sie besonders mit der Erklärung von Sprichworttexten große Schwierigkeiten.

Sprichwörtertests finden ihre Verwendung aber auch als Persönlichkeitsmesser. In dem Test von *Bernard M. Bass* müssen die Prüflinge für verschiedene Sprichwörter angeben, ob sie damit übereinstimmen oder nicht. Auf Grund dieser Antworten schließt Bass dann auf gewisse Charaktereigenschaften der Prüflinge wie Aggression, Irritabilität, Affiliation etc. Ein ähnlicher für den Volkskundler bedeutend aufschlußreicherer Test ist der von *Franziska Baumgarten*. Hier muß der Prüfling von 240 Sprichwörtern je 8 Sprichwörter auswählen, mit denen er übereinstimmt oder nicht übereinstimmt. Allerdings müssen hier die Gründe dafür in Aufsatzform angegeben werden, was bedeutet, daß die Sprichwörter gewöhnlich in einem Sinnzusammenhang betrachtet werden. Daraus ließen sich interessante Schlußfolgerungen über die Sprichwortauffassung von Menschen verschiedenen Alters und Standes ziehen. Aber auch Baumgarten will mit ihrem Test hauptsächlich auf Charaktereigenschaften schließen.

Sprichwörter sind in solchen psychologischen Tests besonders beliebt, weil man voraussetzen kann, daß Sprichwörter als Prüfungsobjekt allgemein verstanden werden. Was die Psychologen und Psychiater jedoch übersehen haben, ist die Komplexität mancher Sprichwörter, deren Bedeutung selbst Volkskundlern und Parömiologen Schwierigkeiten bereitet. Außerdem hat nicht jedes Sprichwort nur eine Bedeutung, und wenn die Sprichwörter in der Testsituation auch noch ohne Kontext einfach aneinandergereiht werden, so ist die Interpretation für den geistig gesunden geschweige denn für den schizophrenen Menschen nicht so einfach und eindeutig, wie man vielleicht glauben möchte. Allgemein wird heute akzeptiert, daß das Sprichwort erst in der Gebrauchssituation bündig wird, und diese fehlt den Tests. Eine engere Zusammenarbeit von Volkskundlern, Soziologen und Psychologen würde bestimmt zu bedeutungsvolleren Tests führen, die der psychologischen und klinischen Untersuchung sowie der Sprichwortforschung dienen könnten.

Literatur:

Bailey, Larry und *Darrel Edwards,* Use of Meaningless and Novel Proverbs as a Projective Technique, in: Journal of Personality Assessment 37, 1973, 527-530.

Bass, Bernard M., Development of a Structured Disguised (Proverbs) Personality Test, in: Journal of Applied Psychology 40, 1956, 393-397.

Baumgarten, Franziska, A Proverb Test for Attitude Measurement, in: Personnel Psychology 5, 1952, 249-261.

Brattemo, Carl-Erich, Interpretation of Proverbs in Schizophrenic and Depressive Patients, in: Acta Psychiatrica Scandinavica 37, 1961, 193-197.

Carson, Robert, Proverb Interpretation in Acutely Schizophrenic Patients, in: Journal of Nervous and Mental Diseases 135, 1962, 556-564.

Elmore, Clyde und *Donald R. Gorham,* Measuring the Impairment of the Abstracting Function with the Proverbs Test, in: Journal of Clinical Psychology 13, 1957, 263-266.

Finck, J., Zur Frage der Intelligenzprüfung, in: Centralblatt für Nervenheilkunde und Psychiatrie 17, 1906, 945-957.

Gorham, Donald R., A Proverbs Test for Clinical and Experimental Use, in: Psychological Reports 2, 1956, 1-12 (Monograph Supplement 1).

Gorham, Donald R., Clinical Manuel for the Proverbs Test, Missoula/Montana 1956.

Gorham, Donald R., Use of the Proverbs Test for Differentiating Schizophrenics from Normals, in: Journal of Consulting Psychology 20, 1956, 435-440.

Gregg, Alan und *George Frank,* An Exploration of the Thought Disorder in Schizophrenia through the Use of Proverbs, in: Journal of General Psychology 77, 1967, 177-182.

Meisser, Ulrich M., Tiersprichwörter und Verhaltensforschung, in: Studium Generale 22, 1969, 861-889.

Rabin, A. und *D. Broida,* Projection via Proverbs, in: Journal of Consulting Psychology 12, 1948, 246-250.

Reed, J. L., The Proverbs Test in Schizophrenia, in: British Journal of Psychiatry 114, 1968, 317-321.

Reveal, Robert, The Development and Validation of a Proverbs Test for the Selection of Supervisors, Diss. University of Southern California, 1960.

Richardson, Claudia und *Joseph Church,* A Developmental Analysis of Proverb Interpretations, in: Journal of Genetic Psychology 94, 1959, 169-179.

Satz, Paul und *L. T. Carroll,* Utilization of the Proverbs Test as a Projective Instrument: An Objective Approach through Language Behavior, in: Journal of General Psychology 67, 1962, 205-213.

6. Pädagogik

Sprichwörter haben in der Erziehung immer eine große Rolle gespielt, was zu zahlreichen Studien über die Erziehungsweisheit im

Sprichwort (z. B. Metzler, Meyer und Wittstock) geführt hat. Solche Sprichwörter wie ›Wer nicht hören will, muß fühlen‹, ›Allzuviel ist ungesund‹, ›Ein gutes Gewissen ist ein sanftes Ruhekissen‹, ›Übung macht den Meister‹ etc. werden darin als Leitfäden der Kindererziehung hingestellt. In neuerer Zeit hat *Werner Herzenstiel* die »Erziehungserfahrung im deutschen Sprichwort« (1973) untersucht, indem er für etwa 400 Sprichwörter den Erziehungsgehalt nachweist. All diese Untersuchungen zeigen, wie sich Gedanken über die Erziehung in leicht anwendbaren Sprichwörtern niedergeschlagen haben und so zu allgemein akzeptierten Grundlagen der Erziehung werden konnten. Im Gebrauch übernehmen gerade diese Sprichwörter oft eine lehrhafte Funktion, denn das Kind soll daraus lernen, das Leben in all seinen Nuancen zu verstehen und zu meistern.

Als Lehrmittel ist das Sprichwort an deutschen Schulen oft herangezogen worden. Schon an den Klosterschulen des Mittelalters mußten die Schüler deutsche Sprichwörter als Sprachübung ins Lateinische übersetzen. Später waren dann besonders erläuternde Aufsätze über einzelne Sprichwörter beliebt, wobei der Schüler eine detaillierte Gliederung und schließlich eine moralische Auslegung zu verfassen hatte. Schul- und Lehrbücher enthielten meist eine Reihe von Musteraufsätzen, deren einseitiges Moralisieren dem heutigen Leser allzu sehr bei den Haaren herbeigezogen zu sein scheint. Im 19. Jh. waren solche Übungen jedoch so beliebt, daß Bücher mit Hunderten von Gliederungsentwürfen zu Sprichwörter- und Sentenzenaufsätzen verfaßt wurden (vgl. Friedrich Günther). In seinem grundlegenden Beitrag »Das Sprichwort im Unterricht« (1920) wendet sich *Friedrich Seiler* gegen diese pedantischen Sprichwörterauslegungen und argumentiert, daß Sprichwörter eine viel interessantere Verwendung im Unterricht finden können. Z. B. können Schüler Sprichwörter und deren Funktion in literarischen Werken herausarbeiten, sie können Sprichwörter verschiedener Sachgebiete sammeln, Sprach- und Stilstudien betreiben, Geschichten zu Sprichwörtern erfinden, den Gebrauch von Namen in Sprichwörtern erforschen, Vergleiche mit Sprichwörtern anderer Sprachen anstellen etc. Durch solche Arbeitsthemen, argumentiert Seiler, läßt sich ein wirkliches Forscherinteresse am Sprichwort bei den Schülern wecken.

Ein neuerer Aufsatz über das Sprichwort im Deutschunterricht von *Bernd Wollenweber* (1974) führt die Gedankengänge Seilers weiter und bringt eine Menge Aufgabenstellungen, die auch den heutigen Schüler Interesse am Sprichwort werden finden lassen. Auch hier wird der Schüler zur eigenen Sammeltätigkeit angeregt, nun aber unter einem kritischeren Gesichtspunkt. Bedenkliche Sprichwörter sollen diskutiert werden, besonders solche, wo Manipulation und Vorurteile wirken (z. B. Sprichwörter über die Frau, über Alte etc.). Eine weitere Aufgabe fordert das Sprichwörtersammeln nach bestimmten Themen, z. B. solche, die Klassenunterschiede oder wirtschaftliche und gesellschaftliche Machtausnutzung darstellen. Auch sollen Querverbindungen zwischen Fabel, Märchen, Sprichwort, Sentenz, Metapher etc. gefunden werden, und schließlich werden aus Aufsatzthemen kritische Stellungnahmen zu den Grenzen und Gefahren der Sprichwortanwendung (z. B. in der Werbung, Politik, Propaganda) gefordert. Die von Seiler und Wollenweber besprochenen Möglichkeiten der pädagogischen Verwendung von Sprichwörtern lassen erkennen, wie aufschlußreich und relevant die Sprichwortbetrachtung im modernen Unterricht sein kann.

Schließlich soll hier noch die Bedeutung der Sprichwörter und Redensarten für den Fremdsprachenunterricht erwähnt werden. Die meisten Lehrbücher bringen nach jeder Lektion eine Reihe von Sprichwörtern und Redensarten, die den Schüler in die Phraseologie der fremden Sprache einführen Das Erlernen dieser vorgeformten Sprachmuster erweitert nicht nur den Wortschatz, sondern es führt zu einem Verständnis der bildlichen Ausdrücke der Fremdsprache, die sich oft von der eigenen Sprache unterscheiden. Für deutsche Sprichwörter liegen diesbezüglich Sammlungen in der Aufmachung von Lehrbüchern von *Christa Frey* (u. a.), *Dora Schulz* und *Heinz Griesbach* sowie *Richard Schmitt* vor. Sie geben dem Ausländer eine Übersicht über die wichtigsten deutschen Sprichwörter, erklären ihren Sinn und zeigen an Hand von Beispielen ihre Anwendung auf. Als Teil der volkstümlichen formelhaften Sprache gehört das Erlernen von Sprichwörtern und Redensarten zu jedem Sprachstudium dazu. Erst wer auch Sprichwörter in der Fremdsprache richtig anzuwenden weiß, beherrscht eine Sprache wirklich.

Literatur:

David, Anton, Die Erziehung nach dem Sprichwort. Winke und Fingerzeige zur Erziehung der Kinder, 1889.

Eisenlohr, Theodor, Deutsche Volksschule und deutsches Sprichwort, 1862.

Faustmann, Karl F., Aus tiefem Brunnen. Das deutsche Sprichwort, 1920, S. 25-44.

Frey, Christa, Annelies Herzog, Arthur Michel und *Ruth Schütze*, Deutsche Sprichwörter für Ausländer. Eine Auswahl mit Beispielen, 1974.

Günther, Friedrich Joachim, Entwürfe zu Vorträgen und Aufsätzen über 100 Sprichwörter und 100 Schillersche Sprüche für die oberen Klassen höherer Lehranstalten, 1861; 1882.

Herzenstiel, Werner R., Erziehungserfahrung im deutschen Sprichwort. Theorie einer freiheitlichen Erziehungspraxis, 1973.

Herzog, Heinrich, Das Sprichwort in der Volksschule, Basel 1868.

Hildebrand, Rudolf, Etwas vom Sprichwort in der Schule, in: Zeitschrift für den deutschen Unterricht 1, 1887, 473-479.

Jörger, Karl, Das Sprichwort in der Spracherziehung, in: Die neue Volksschule 1, 1949-1950, 394-396.

McKenna, John F., The Proverb in Humanistic Studies: Language, Literature and Culture; Theory and Classroom Practice, in: The French Review 48, 1974, 377-391.

Metzler, Franz Gebhard, Die Erziehungsweisheit im Sprichwort, Bregenz 1953.

Meyer, Jürgen Bona, Probleme der Lebensweisheit, 1887, S. 1-33.

Müller, Carl, Die Verwertung der Redensarten im Unterricht, in: Zeitschrift für den deutschen Unterricht 5, 1891, 88-119 und 145-173. Vgl. auch *R. Sprenger,* ebd., S. 269-275 und *Franz Söhns,* ebd., S. 645-646.

Rowland, Durbin, The Use of Proverbs in Beginners' Classes in the Modern Languages, in: Modern Language Journal 11, 1926-1927, 89-92.

Schmitt, Richard, Deutsche Redensarten, Quiz- und Übungsbuch, 1975.

Schulz, Dora und *Heinz Griesbach,* 1000 idiomatische Redensarten Deutsch, 1961; 1966.

Seiler, Friedrich, Das Sprichwort im Unterricht, in: Zeitschrift für Deutschkunde 31, 1920, 480-488 und 524-533. Auch in *F. Seiler,* Deutsche Sprichwörterkunde, 1922; 1967, S. 414-445.

Wittstock, Albert, Die Erziehung im Sprichwort oder Die deutsche Volkspädagogik, 1889.

Wollenweber, Bernd, Sprichwort, in: Projekt Deutschunterricht 6. Kritischer Literaturunterricht – Dichtung und Politik, hrsg. von Heinz Ide und Bodo Lecke, 1974, S. 64-92.

XI. Biologie des Sprichworts im modernen Sprachgebrauch

1. Sprichwort in der politischen Sprache

Das Sprichwort haucht politischen Artikeln und Reden Leben ein, und diese ihrerseits hauchen dem Sprichwort neues Leben ein (*M. Lüthi*). Die Bildlichkeit des Sprichworts macht jedenfalls einen politischen Text anschaulicher und lebendiger, wobei der dem Sprichwort zugrunde liegende Anspruch auf Allgemeingültigkeit die Aussagekraft politischer Argumente verstärkt (*W. Mieder*). So dienen Sprichwörter oder Sprichwortanspielungen häufig als journalistische Schlagzeile, Blickfang und Informationsvorspann, wie z. B. ›Paris macht aus der Not eine Tugend‹, ›Israel an den Pranger‹, ›Bonn ging auf den Leim‹, ›Rom zwischen allen Stühlen‹. Prägungen des politischen Journalismus sind oft Sprichwortvarianten wie ›Brandt sin Uhl, Barzels Nachtigall‹, ›Bahr denkt, Brandt lenkt‹, ›Was Böll in Moskau recht war, muß Brandt in Washington billig sein‹, ›Moskaus Mühlen mahlen langsam‹, ›Kissinger läßt die Katze aus dem Sack‹. Das Sprichwort tritt im modernen Sprachgebrauch häufig nur in der Form einer Anspielung auf, auf eine Schwundstufe reduziert. *Wolfgang Mieder* spricht in diesem Zusammenhang vom »Sprichwort als Anspielungsformel«. Allerdings handelt es sich bei solchen Abwandlungen meist um sprachliche Eintagsfliegen.

Die parodistische Abwandlung von Sprichwörtern und Redensarten wird absichtsvoll und durchaus bewußt eingesetzt in der politischen Satire. In der Nazizeit hieß es ›Schweigen ist Gold, Reden ist Dachau‹. Für Goebbels prägte man: ›Lügen haben ein kurzes Bein‹. Vom Wohlstandsbürger der Gegenwart sagt man, er sitze ›wie die Made in Germany‹. Die politische Linke redet ›mit Marx- und Engelszungen‹. Schlagworte aus politischen Situationen werden als Sprichwörter in die allgemeine Sprache übernommen. ›Trau keinem über dreißig!‹ lautete eine Parole Ende der 60er Jahre. In der Variante ›Trau keinem über hundert!‹ bezieht es sich dann allerdings nicht mehr auf Personen, sondern auf Automobile, die mehr als 100 000 km hinter sich haben.

Sprichwörter lassen sich auf jede neue Sitation anwenden und zurechtbiegen. Aus ›Alter schützt vor Torheit nicht‹ wird – unter Bezug auf die schwankenden Wechselkurse – ›Floating schützt vor Sorgen nicht‹. In Abwandlung des Sprichworts ›Gegen den Tod ist kein Kraut gewachsen‹ wird pessimistisch gefragt: ›Ist gegen die Inflation kein Kraut gewachsen?‹ ›Guter Staat ist teuer‹ soll Steuererhöhungen zu Gunsten von Reformen rechtfertigen; ähnlich: ›Rente

gut – alles gut‹. Auf die Ölkrise beziehen sich das Sagsprichwort
›Pack den Tiger in den Tank, sagte der Tankwart, als er sein Benzin
ausverkauft hatte‹, oder auch die Sprichwortvariation ›Scheich und
Scheich gesellt sich gern‹. Bei diesem Prozeß offenbart sich ein
Grundaspekt des Sprichworts, nämlich seine Variabilität, die ihm
auch im modernen Sprachgebrauch eine Fortdauer garantiert (*W.
Mieder*). *Wolfgang Mieder* hat ein Jahr hindurch die Wochenzeitung
›Die Zeit‹ auf ihren Bestand an Sprichwörtern, ihre Verwendungs-
möglichkeiten und Funktionswerte untersucht. An Hand eines solchen statistischen Materials ergeben sich sogar gewisse Serien. Die
Ausklammerung politischer Probleme etwa wird umschrieben mit
dem sprichwörtlichen Vergleich ›wie die Katze um den heißen Brei
herumgehen‹; der Mißerfolg von großen Konferenzen mit dem
Sprichwort ›Viele Köche verderben den Brei‹.

Neben dem abgewandelten und verfremdeten Sprichwort spielt aber auch
das unveränderte Sprichwort in der zeitgenössischen politischen Rhetorik
eine nicht unbedeutende Rolle. Ein Politiker, der vom Sprichwort besonders
reichen Gebrauch machte, war *Nikita Chruschtschow*. Rüstungsausgaben z.
B. rechtfertigte er mit dem Sprichwort ›Solange man unter Wölfen lebt,
braucht man den Knüppel‹. Anläßlich der von ihm eingeleiteten Entstalini-
sierung gebrauchte er das Sprichwort ›Einen schwarzen Hund kann man
nicht weißwaschen‹. Die Worte des Vorsitzenden *Mao Tse-Tung* – millio-
nenfach im roten Büchlein verbreitet – haben vielfach sprichwörtliche Prägnanz: ›Der Ostwind übertrifft den Westwind‹, ›Die Niederlage ist die Mutter des Erfolgs‹. *Walter Ulbricht* rechtfertigte den Berliner Mauerbau 1961:
›Wenn man das Unkraut nicht bekämpft, dann erstickt es die junge Saat‹. Als
intimer Kenner deutscher Sprichwörter hat sich auch der sowjetische Bot-
schafter in Berlin *P. Abrassimow* erwiesen. Bei den Berlinverhandlungen
kommentierte er die Sitzungen kurz aber mit Humor: ›Was lange währt,
wird endlich gut‹, ›Keine Rose ohne Dornen‹, ›Alles Ding hat seine Zeit‹, und
›Ende gut, alles gut‹. Über seine Gespräche mit dem DDR-Staatssekretär
Kohl sagte *Egon Bahr:* ›Je tiefer man in den Wald kommt, um so mehr Holz
muß man schlagen‹. Von *Horst Ehmke* stammt die Umprägung: ›Wer den
Brandt nicht ehrt, ist den Barzel wert‹.

Noch mehr als Sprichwörter finden sich jedoch sprichwörtliche
Redensarten in wachsendem Maße in politischen Leitartikeln und
Reden von Politikern. Man glaubt dem Bild eher als der direkten Be-
hauptung, der volksläufigen Prägung eher als dem individuellen
Wort (*M. Lüthi*). Meistens ist es jedoch eine Negativ-Charakteri-
stik, die dem politischen Gegner sprichwörtlich oder redensartlich
angelastet wird, wenn er ›sich zwischen zwei Stühle setzt‹, ›ins Fett-
näpfchen tritt‹, ›sich den eigenen Ast absägt‹, ›mit dem Kopf durch
die Wand will‹, heuchlerische ›Krokodilstränen vergießt‹, ›durch die
Röhre guckt‹ oder ›Öl ins Feuer gießt‹. Aber auch politische Parolen

und Slogans können sprichwörtlichen Charakter annehmen: ›Unter den Talaren der Mief von tausend Jahren!‹, ›Trau keinem über dreißig!‹.

Literatur:

Guinzbourg, St. Colonel Victor S. M. de, Wit and Wisdom of the United Nations. Proverbs and Apothegms on Diplomacy, New York 1961.

Hogg, R. D., Proverbs, in: Secretariat News 14, 1960, 5-7.

Koller, Werner, Redensarten in Schlagzeilen, in: Muttersprache 85, 1975, 400-408.

Lüthi, Max, Das Sprichwort in der Zeitung, in: Proverbium 15, 1970, 495-497, auch in: Volksliteratur und Hochliteratur, Bern u. München 1970, S. 22-25.

Mieder, Wolfgang, Verwendungsmöglichkeiten und Funktionswerte des Sprichworts in der Wochenzeitung, in: Muttersprache 83, 1973, 89-119.

Mieder, Wolfgang, Das Sprichwort und die politische Sprache, in: Sprachspiegel 30, 1974, 36-42.

Mieder, Wolfgang, Sprichwörter im modernen Sprachgebrauch, in: Muttersprache 85, 1975, 65-88.

Mieder, Wolfgang, Das Sprichwort in unserer Zeit, Frauenfeld 1975.

Mieder, Wolfgang, Sprichwörtliche Redensarten als Schlagzeile, in: Sprachspiegel 32, 1976, 4-12.

Pelster, Theodor, Die politische Rede im Westen und Osten Deutschlands, 1966.

Raymond, Joseph, Tensions in Proverbs: More Light on International Understanding, in: Western Folklore 15, 1956, 153-158.

Reger, Harald, Zur Idiomatik der Boulevardpresse, in: Muttersprache 84, 1974, 230-239.

Röhrich, Lutz, Die Bildwelt von Sprichwort und Redensart in der Sprache der politischen Karikatur, in: Kontakte und Grenzen, Festschrift für Gerhard Heilfurth, 1969, S. 175-207.

Titus, Charles, Political Maxims, in: California Folklore Quarterly (= Western Folklore) 4, 1945, 377-389.

Wein, Günter, Die Rolle der Sprichwörter und Redensarten in der Agitation und Propaganda, in: Sprachpflege 12, 1963, 51-52.

Wills, Wolfram, Der bildliche Ausdruck im Leitartikel der Tagespresse, in: Muttersprache 71, 1961, 97-108.

Zimmermann, Hans Dieter, Die politische Rede. Der Sprachgebrauch Bonner Politiker, 1969.

2. Sprichwort in Wirtschaftssprache und industrieller Werbung

In der modernen Wirtschaftswerbung spielt das Sprichwort eine wichtige Rolle. Dabei erweist es sich als nahezu unbegrenzt anpassungsfähig. Das Sprichwort ist die geschlossenste, prägnanteste und kürzeste einfache Form der mündlichen Überlieferung. Es erfüllt so auch am leichtesten die Forderungen des Slogans. Wie ein Sprichwort will auch ein Werbetext vor allem kurz, einprägsam, leicht verständlich und eingängig sein. Wie ein Sprichwort prägt sich auch ein Werbeslogan durch ständige Wiederholung ein. Im Zuge heutiger Bemühung, manipulierende Sprach- und Denkmuster zu entlarven, mußte man zwangsläufig auch wieder auf das Sprichwort und die Redensart stoßen *(W. Wollenweber)*.

Man sollte unterscheiden a) Sprichwörter in der Werbung, b) zu Reklamezwecken abgewandelte Sprichwörter und c) sprichwortähnliche Slogans.

a) Manchmal werden Sprichwörter unverändert in die Werbung aufgenommen: ›Voller Bauch studiert nicht gern‹ muß für Margarine werben, ›Zeit ist Geld‹ für die Bundesbahn, ›Kleider machen Leute‹ für die Textilindustrie, ›Spare in der Zeit, dann hast du in der Not‹ für Banken und Sparkassen; ebenso: ›Wer den Pfennig nicht ehrt, ist des Talers nicht wert‹; ›Im Wein ist Wahrheit‹ für Alkohol, ›Zeit ist Geld (. . . und Geld ist teuer)‹ für eine Luftverkehrsgesellschaft, ›Sicher ist sicher‹ für eine Versicherung, ›Ein gutes Gewissen ist ein sanftes Ruhekissen‹ für den, der schon die richtige Lebensversicherung abgeschlossen hat. Sprichwörter wie ›Probieren geht über Studieren‹ oder ›Wer die Wahl hat, hat die Qual‹ lassen sich leicht für jede Handelswerbung einsetzen. Je vertrauter Sprichwörter, Redensarten, Zitate dem Konsumenten vorkommen, desto geeigneter sind sie als Träger von Werbebotschaften *(P. Osswald u. E. Gramer)*.

b) Es gibt sehr verschiedene und sogar gegensätzliche Methoden, um Aufmerksamkeit zu erregen: einerseits das Anspielen auf Vertrautes, andererseits aber das Abweichen von der Sprachnorm. In anderen Slogans werden nämlich Sprichwörter abgewandelt und für Werbezwecke verfremdet oder durch Reklamezusätze ergänzt. Ausdrücke der Wirtschaftssprache ersetzen dabei Schlüsselwörter von Sprichwörtern, die dann der alten Formel im modernen Leben einen neuen Sinn verleihen *(W. Mieder)*: ›Reden ist Silber – Kupferberg Gold‹, ›Ich trinke Jägermeister, weil Morgenstund auch ruhig mal Likör im Mund haben sollte‹, ›Wem Gott ein Amt gibt, dem gibt er auch Gardinen und Vorhänge‹. Wichtig ist immer, daß der Waren- oder Markenname im verfremdeten Sprichworttext erscheint.

Viele Sprichwortverfremdungen dienen einfach als Blickfang und Aufhänger, um die Aufmerksamkeit des Lesers zu erregen und ihn zu veranlassen, auch den weiteren Anzeigentext zu lesen. So wirbt ›Morgenstund hat Ei im Mund‹ für das tägliche Frühstücksei ebenso wie die Verfremdung ›Gut Ding will Eier haben‹. Der ›Katzensprung‹ als redensartliches Bild für jedes leicht Erreichbare kommt häufig vor, wo Werbung einen raschen Service verspricht. Nach dem Strukturmodell von Sprichwörtern werden Werbesprüche erfunden: ›Persil bleibt Persil‹, ›Krawatten gut – alles gut‹, ›Neue Tapeten machen Leute‹, ›Wer den Vergaser nicht ehrt, ist die PS nicht wert‹ (Benzin), ›Vorbeugen ist besser als bohren‹ (Zahnpasta). Für Urlaubsreisen wirbt die Bundesbahn ›Wer zuerst kommt, bräunt zuerst‹. ›Qualität verpflichtet‹ – warum soll man nicht an das entsprechende Sprichwort ›Adel verpflichtet‹ (›noblesse oblige‹) denken, wenn gute Ware angeboten wird, denn ein Markenfabrikat ist in der industriellen Welt fast wie ein Adelsprädikat. Aus dem Sprichwort ›Was du heute kannst besorgen, das verschiebe nicht auf morgen!‹ wird die Kaufhauswerbung ›Was du heute kannst besorgen, kaufst du billiger als morgen!‹ Bei diesem Verfahren lassen sich manchmal ganze Serien zusammenstellen, z. B. ›Was Ihrer Linie recht ist, ist seinem Herzen billig‹ (Margarine); ›Was den Kleinen lieb ist, ist den Großen nicht zu teuer‹ (Butter); ›Was der Geschäftsreise recht ist, ist dem Urlaub billig‹ (Autoverleih). Die Verfremdung des Sprichworts in der industriellen Werbung dient zunächst als Blickfang. Trotz der Verfremdung behält das Sprichwort aber für den Leser unterschwellig Autorität und Überzeugungskraft, die dem Industrieprodukt zugute kommt. Dabei kommt es also nicht darauf an, daß der genaue Wortlaut oder Sinn des Sprichworts beibehalten werden. Wichtig bleibt nur die Assoziation zum Sprichwort, um den vertrauenerweckenden Effekt zu bewahren.

c) Selbst dort, wo Sprichwörter nicht unmittelbar verwendet werden, bedient sich die moderne Werbetechnik immer wieder sprichwörtlicher Strukturen für ihre Texte. Einige Slogans haben darum heute fast sprichwörtlichen Charakter angenommen. Satzbau, Rhythmus und Klang ermöglichen die Assoziation mit dem Sprichwort: ›Eßt mehr Obst und ihr bleibt gesund‹, ›Gut rasiert – gut gelaunt‹, ›Laßt Blumen sprechen‹, ›Im Falle eines Falles – klebt Uhu wirklich alles‹, ›Berlin ist eine Reise wert‹, ›Dir und mir – Binding-Bier‹, ›Mach mal Pause, trink Coca-Cola‹. ›Darauf einen Dujardin‹ wurde zu einem der erfolgreichsten Werbeslogans. Als der Slogan sprichwörtlich geworden war, schaffte man ihn wieder ab, denn man hatte festgestellt, daß ihn auch Leute verwendeten, die einen anderen Schnaps im Glase hatten.

Die Industrie- und Geschäftswelt weiß sehr wohl, warum sie sich für die Reklame der Sprichwörter bedient, denn Sprichwörter sind allgemein bekannt und allgemeingültig, und eben darum sehr geeignet, ein noch unbekanntes Fabrikat mit dem Schein der Gebräuchlichkeit zu umgeben. Das Wiedererkennen eines Bekannten tritt als Reflex auf solche Werbung ein: Man fühlt augenblicklich, daß man das Betreffende schon gesehen oder erlebt hat. Mit dem Bekannten und Vertrauten assoziiert man vor allem Positives (*Möckelmann* und *Zander*), dieses Bekanntheitsgefühl kommt auch dem Werbeobjekt zugute. Das passive Gedächtnis des Verbrauchers wird angesprochen und darum versucht die Werbung oft genug, durch den Appell an Traditionsgefühle Käufer zu gewinnen. Werbung spekuliert auch auf die Autorität des Sprichworts. Dieses hat ja einen unterschwellig befehlenden oder überredenden Charakter und Normanspruch, und auch die Kommunikationsstruktur der Reklametexte tendiert dazu, den Zuhörer hörig zu machen. Es geht hier nicht um die Frage, ob Werbung geheime Verführung und Lüge sein muß, wie weit Werbungsversprechen gegenüber der Wirklichkeit standhalten, sondern es geht darum, die Stilmittel dieser Verführungssprache aufzudecken. Zum Glück werden Verbraucher immer mehr auch reklame- und warenkritisch. Und dieser Bewußtwerdungsprozeß schlägt sich auch in sprachlichen Formulierungen nieder, besonders in sprichwörtlichen Reklameparodien: ›Wer einmal nur im Monat kann und möchte gerne täglich, der wende sich an Neckermann, denn Neckermann macht's möglich‹; ›Nur die gute Blaubandbutter hilft dem Vater auf die Mutter‹; ›Nach dem Essen sollst du ruhn oder eine Frau aufs Bette tun. Hast du keine Frau zur Hand, dann nimm Pril, denn Pril entspannt‹. Der parodierte Werbeslogan schlägt in der Form des Sprichworts gegen die Allmacht der Reklame zurück.

Literatur:
Beheim-Schwarzbach, Eberhard, Die Sprache in der Wirtschaftswerbung, in: Wirkendes Wort, 2. Sonderheft, Düsseldorf 1954, S. 13-23.
Bongard, Willi, Männer machen Märkte. Mythos und Wirklichkeit der Werbung, 1963.
Brandt, Wolfgang, Die Sprache der Wirtschaftswerbung, in: Germanistische Linguistik, 1-2, 1973.
Buchli, Hanns, 6000 Jahre Werbung. Geschichte der Wirtschaftswerbung, 3 Bde., 1962-1966.
Funk, Dieter Martin und *Lietz, Hellmut,* ABC der Werbeslogans, 1961.
Grosse, Siegfried, Reklamedeutsch, in: Wirkendes Wort 16, 1966, 89-104.
Herles, Helmut, Sprichwort und Märchenmotiv in der Werbung, in: Zeitschrift für Volkskunde 62, 1966, 67–80.
Holzschuher, Ludwig von, Psychologische Grundlagen der Werbung, 1956.

Hülsmanns, Dieter und *Reske, Friedolin,* Aller Lüste Anfang. Das 7. Buch der Werbung, 1971.

Ide, Heinz (Hrsg.), Sprache und Realität. Manipulations- und Verschleierungstechniken (Projekt Deutschunterricht 4), 1973.

Jeromin, Rolf, Zitatenschatz der Werbung, Slogans erobern Märkte, 1969.

Klotz, Volker, Slogans, in: Sprache im technischen Zeitalter 7, 1963, 538-546.

Loomis, Grant C., Proverbs in Business, in: Western Folklore 23, 1964, 91-94.

Mieder, Wolfgang, Sprichwort und Wirtschaftssprache, in: Sprachspiegel 29, 1973, 165-170.

Mieder, Wolfgang, Sprichwort und Illustriertenwerbung, in: Sprachspiegel 30, 1974, 100-106.

Mieder, Wolfgang, Das Sprichwort in unserer Zeit, Frauenfeld 1975.

Mieder, Wolfgang und *Barbara Mieder,* Tradition and Innovation: Proverbs in Advertising, in: Journal of Popular Culture (im Druck).

Möckelmann, Jochen und *Zander, Sönke,* Form und Funktion des Werbeslogans, 1972.

Osswald, Paul und *Gramer, Egon,* Die Sprache der Werbung, in: Deutschunterricht 20, 1968, 76-97.

Plate, Hermann, Werbung oder Information? Zur Sprache moderner Propaganda, in: Sprache im technischen Zeitalter 7, 1963, 547-557.

Riedel, Karl Veit, Werbung und Reklame als volkskundliches Problem, in: Beiträge zur deutschen Volks- und Altertumskunde 10, 1966, 93-117.

Röhrich, Lutz, Gebärde, Metapher, Parodie, 1967.

Römer, Ruth, Die Sprache der Anzeigenwerbung, 2. Aufl. 1971.

Schmidt, Walter Ernst, Werbende Texte, 1953.

Wollenweber, Bernd, Sprichwort, in: Projekt Deutschunterricht 6, 1974, 64-92.

3. Sprichwortparodien und -neubildungen

Alles Vielzitierte wird abgenutzt und bekommt dadurch immer mehr eine innere Disposition zur Parodie. Das gilt vorzugsweise auch für das Sprichwort. Schon seinem Wortsinn nach ist ein Sprichwort ein ›vielgesprochenes Wort‹, und leicht wird aus einem vielgesprochenen dann ein *zu* viel gesprochenes Wort. Doch ist es nicht nur die Abnützung, die zur Parodie führt. Gerade die apodiktische, pointierte, verallgemeinernde und oft einseitige Weisheit des Sprichworts und seine Normansprüche fordern zum Widerspruch heraus, und dies heute mehr als in den vergangenen Jahrhunderten seiner Gültigkeit. Die Infragestellung aller überlieferten Werte und Normen mußte auch zu einer kritischen Einstellung gegenüber dem Sprichwort führen (*W. Mieder*). Das Sprichwort gilt der Gegenwart jedenfalls nicht mehr unbedingt als ›Wahrwort‹. Es provoziert vielmehr ›Antisprichwörter‹, Verfremdungen, Parodien, die eine Distanz zum vorgegebenen traditionellen Sprichwort erzeugen. Der Lobpreis von Tugenden wie Fleiß, Sparsamkeit, Frömmigkeit, Gottesfurcht, Keuschheit etc. wird zum Lob von Untugenden ironisiert und umfunktioniert. Am häufigsten werden Sprichwörter, die die Arbeit preisen, in Sprichwörter zum Lob der Faulheit umgeprägt: ›Arbeit adelt – wir bleiben bürgerlich‹, ›Arbeit macht Spaß – und Spaß wird nicht gemacht‹, ›Arbeit ist aller Laster Anfang‹, ›Arbeit ist Silber, Nichtstun ist Gold‹, ›Morgenstund hat Gold im Mund und Blei im Hintern‹, ›Besser gut ausruhen als schlecht arbeiten‹, ›Hoch die Arbeit, daß keiner dran kann!‹, ›Wer die Arbeit kennt und sich nicht drückt, der ist verrückt‹, ›Wer die Arbeit kennt und sich danach drängt, der ist beschränkt‹, ›Wer nicht arbeiten will, soll wenigstens gut essen‹. Manche Sprichwortparodien sind erst ganz jungen Datums und kennzeichnen zum Teil treffend unsere moderne Gesellschaft, wie: ›Überstund hat Gold im Mund‹, ›Wohlstand kommt vor dem Fall‹, ›Die Liebe geht durch den Wagen‹, ›Hummer ist der beste Koch‹, ›Der Scheck heiligt die Mittel‹, ›Fernsehen am Abend, erquickend und labend‹.

Die einfachste Form der Sprichwortparodie ist die Negation oder Umkehrung der Sprichwortaussage: ›Der Klügere gibt …nicht nach‹, ›Spare jederzeit, dann hast du immer Not‹, ›Was eine Frau nicht in den Beinen hat, sollte sie wenigstens im Kopf haben‹, ›Selbst ist die Frau‹, ›Wer andern *k*eine Grube gräbt, fällt selbst hinein‹. Oft genügt zur Parodierung schon die bloße Abänderung eines einzelnen Wortes oder sogar auch nur eines Buchstabens, und gerade in der scheinbaren Geringfügigkeit der Abänderung – ähnlich dem Druckfehlerteufel – beruht schon der komische Effekt. Hier sind Sprichwortparodien einfach Auswirkungen des Spieltriebs mit der Sprache: ›Gelegenheit macht Liebe‹, ›Kleider machen Bräute‹, ›Tadel verpflichtet‹, ›Eigentor stinkt‹, ›Viele Köche verderben die Köchin‹, ›Lügen haben schöne Beine‹, ›Wie man sich bettet, so liebt man‹, ›Wie man sich fettet, so riecht man‹, ›Reden ist Silber – Ausreden Gold‹, ›Trocken Brot macht Fahnen rot‹, ›Der Apfel fällt nicht weit vom Pferd‹.

Ein besonders häufiges Mittel, Komik zu erreichen, ist die Mischung zweier Sprichwörter und ihrer Bildhaftigkeit zu einer sich widersprechenden Aussage: Sie löst einen komischen Konflikt aus, indem sie Unangemessenes miteinander verbindet. Hierbei handelt es sich in der Regel nicht um unabsichtliches Versprechen oder Zersagen auf Grund von Hörfehlern, d. h. um Veränderungen, wie sie sich bei der mündlichen Wiedergabe leichter als beim schriftlichen Zitieren einstellen, sondern um bewußte und absichtlich vorgenommene Veränderungen. Nicht die beliebige Verballhornung allein genügt schon, um einen Lacheffekt zu erzielen, sondern ein Sprichwort muß durch die Mischung mit einem anderen auch eine neue Pointe erhalten, die mit dem normalen und ursprünglichen Wortlaut nicht verbunden war, wie z. B.: ›Eigner Herd ist aller Laster Anfang‹, ›Wie man sich bettet, so schallt es heraus‹, ›Wenn zwei das gleiche tun, fallen sie selbst hinein‹, ›Wenn's dem Esel zu wohl wird, läßt er die Katze aus dem Sack‹, ›Die Axt im Hause hat Gold im Munde‹, ›Wer im Glashaus sitzt, sollte nicht mit dem Zaunpfahl winken‹, ›Wer den Schaden hat, spottet jeder Beschreibung‹, ›Nach dem Essen sollst du rauchen oder tausend Schritte tun‹, ›Wer zuletzt lacht – hat eine lange Leitung‹.

Ebenso häufig wie Sprichwortparodien finden sich komische Abwandlungen von sprichwörtlichen Redensarten: ›Es geht mir durch Mark und Pfennig‹, ›Mehr Glück als Ferdinand‹, ›So dumm kommen wir nie mehr zusammen‹, ›Man hat's nicht leicht, aber leicht hat's einen‹. Vor allem wirkt die absichtliche oder unfreiwillige Vermischung von Sprachbildern immer komisch: ›Das schlägt dem Faß die Krone ins Gesicht‹, ›Mit dem einen Fuß stand er im Grabe, mit dem anderen nagte er am Hungertuch‹, ›Wie das Hornberger Schießen im Sande verlaufen‹.

Häufig sind ironische Zusätze zu Sprichwörtern, wobei sich das Sprichwort im Nachsatz selbst parodiert. Die Fortsetzung scheint das Sprichwort zu erläutern, bringt aber einen Widerspruch oder auch eine erklärte Unmoral: ›Verstand kommt mit den Jahren – je älter, je dümmer‹, ›Wer schläft, sündigt nicht – wer sündigt, schläft besser‹, ›Liebe macht blind und nicht selten ein Kind‹, ›Die Liebe des Mannes führt durch den Magen! Aber, warum erst einen Umweg machen?‹, ›Geld allein macht nicht glücklich – man muß es auch haben‹, ›Geld stinkt – nur das nicht, war wir selber verdienen‹ , ›Ehrlich währt am längsten – gestohlen ist bald was‹, ›Umsonst ist der Tod – und der kostet's Leben‹, ›Trocken Brot macht Wangen rot; Butterbröter noch viel röter‹.

Die komische Neuprägung von Sprichwörtern folgt zumeist den alten Formmodellen des Sprichworts, z. B.: ›Unter den Eunuchen ist der Eineiige König‹, ›Wer andern eine Kirche baut, muß selbst hinein‹, ›Wer ›Not‹ sagt, muß auch ›Standrecht‹ sagen‹, ›Wer A sagt, muß auch -limente sagen‹, ›Wer Muh sagt, muß auch Milch geben‹, ›Wo keine Pille ist, ist auch kein Weg‹, ›Wo eine Pille ist, ist auch ein Bett‹, ›Irren ist ärztlich‹. Nur scheinbar ist das immer wieder das Altbekannte. In Wirklichkeit ist ein neuer Inhalt in die alte Form gegossen.

In der Parodierung von Sprichwörtern zeigt sich kritisches Bewußtsein und Kreativität, und es wäre verkehrt, der Gegenwart die Fähigkeit zur Neubildung von Sprichwörtern abzuerkennen. Doch sind die Erwartungen an ein Sprichwort andere geworden. Man sucht bei ihm weniger Belehrung, Altersweisheit oder die Erfahrung vergangener Generationen, als vielmehr eine auf die Gegenwart oder die momentane Situation treffende Bemerkung. Insbesondere hat die Gegenwart eine besondere Neigung zum witzig-ironischen Sprichwort. In den Souvenirgeschäften aller Fremdenverkehrsgebiete oder auch in den Kaufhäusern der Städte findet man auf Holz gemalte oder hinter Glas gerahmte Sprichwörter und Sprüche, nicht selten auch mit neuartigen Formulierungen: ›Wenn deine Frau beim Ausgehen predigt, nimm sie mit, und es ist alles erledigt!‹, ›Ich bin der Herr im Hause – was meine Frau sagt, wird gemacht‹. Moderne Neuprägungen können die mannigfachsten Lebensgebiete betreffen. Da spielt selbstverständlich auch das Automobil eine Rolle: ›Wer kein Auto hat, braucht für den Schrott nicht zu sorgen‹, ›Mercedes darf alles, BMW kann alles‹, aber auch: ›Der Mensch ist nicht das, was er fährt‹. Manche Neuprägungen setzen sich mit der Schädlichkeit des Rauchens auseinander: ›Rauche ruhig weiter – Krebs macht schlank‹, ›Beim Rauchen einer Zigarette verbrannte mancher schon im Bette‹, ›Reval war sein letztes Wort, er rauchte sie und starb sofort‹, ›Siehst du die Gräber dort im Tal – das sind die Raucher von Reval, kennst du die Gräber an vielen Orten, das sind die Raucher von anderen Sorten‹. Erstaunlich oft gibt es überhaupt Gesundheitsregeln oder Sprüche, die sich auf Essen und Trinken beziehen: ›Die Liebe und der Suff, die reiben den Menschen uff. (Doch ohne Liebe und ohne Suff, da geht der Mensch noch eher druff!)‹, ›Das Leben ist zu kurz, um schlechten Wein zu trinken‹, ›In der allerhöchsten Not schmeckt die Wurst auch ohne Brot‹, ›Für 'ne gute Diät ist es nie zu spät‹, ›Vor dem Schlafen, nach dem Essen Zähneputzen nicht vergessen‹, ›Schönheit vergeht, Schminke besteht‹. Oder wir finden allgemeine Lebensbetrachtungen: ›Das Leben ist eine Hühnerleiter, man kommt vor lauter Dreck nicht weiter‹, ›Das Leben ist am schwersten drei Tage vor dem Ersten‹, ›Das Leben ist eine Klosettröhre: Man macht viel durch (beschissen von oben bis unten)‹, ›Wenn die Jubiläen anfangen, hört das Jubeln auf‹. Auch eine Aufnahme angelsächsischer Prägungen ist festzustellen: ›Once through the lips, for ever on the hips‹, ›woman have to give and to forgive, men to get and to forget‹, ›make love – not babies‹ (Parodie: ›make babies – not love; Papst Paul der Antisexte‹), ›Breakfast in Tokyo, Lunch in Frankfurt, Luggage in London‹. Das Bild meint: Auch die schnellste Beförderung, das Kleinerwerden der Welt, der beste Service und größtmögliche Komfort schließen Pannen nicht aus. Den Wandel der Arbeitsmoral und das Verhalten am Arbeitsplatz charakterisieren die folgenden Sprichwörter: ›Akkord ist Mord‹, ›Halte stets die Ruhe heilig, nur die Verrückten habens eilig‹, ›Wie die Verpflegung so die Bewegung‹, ›Wenn man dir gibt, nimm! Wenn man dir nimmt, schrei!‹, ›Der Mensch kann noch so dämlich sein – er muß sich nur zu helfen wissen‹. Wie die Beispiele zeigen, ist der Prozeß der Sprichwortneubildung noch nicht abgeschlossen.

Literatur:

Bauman, Richard und *Neil McCabe,* Proverbs in an LSD Cult, in: Journal of American Folklore 83, 1970, 318-324.

Behagel, Otto, Humor und Spieltrieb in der deutschen Sprache, in: Neophilologus 8, 1922, 180-193.

Betz, Werner, »Morgenstund hat Blei im Hintern«: Von der Vieldeutigkeit deutscher Sprichwörter, in: Die Welt, Nr. 17 (Samstag, den 20. Januar 1973), 2.

Düringsfeld, Ida von, Das Sprichwort als Humorist, 1863.

Liede, Alfred, Dichtung als Spiel. Studien zur Unsinnspoesie an den Grenzen der Sprache, 2 Bde., 1963.

Mieder, Wolfgang, Das Sprichwort im humoristischen Kaleidoskop der Illustrierten, in: Sprachspiegel 30, 1974, 68-74.

Mieder, Wolfgang, Das Sprichwort in unserer Zeit, Frauenfeld 1975.

Mieder, Wolfgang, Sprichwörter im modernen Sprachgebrauch, in: Muttersprache 85, 1975, 65-88.

Reimann, Hans, Vergnügliches Handbuch der deutschen Sprache, 1964.

Röhrich, Lutz, Gebärde, Metapher, Parodie. Studien zur Sprache und Volksdichtung, 1967.

Röhrich, Lutz, Der Witz, 1977.

Schrader, Hermann, Scherz und Ernst in der Sprache, 1897.

XII. WICHTIGE SPRICHWÖRTERSAMMLUNGEN VERSCHIEDENER SPRACHEN

Nur einige repräsentative Sprichwörtersammlungen europäischer Sprachen können hier verzeichnet werden. Hunderte von Sammlungen sind in *Otto Molls* »Sprichwörterbibliographie« (1958) zusammengestellt.

Amerikanisch:

Fogel, Edwin Miller, Proverbs of the Pennsylvania Germans, Lancaster/Pa. 1929.

Taylor, Archer, Proverbial Comparisons and Similes from California, Berkeley/Calif. 1954. Vgl. auch *A. Taylor,* More Proverbial Comparisons from California, in: Western Folklore 17, 1958, 12-20.

Kin, David, Dictionary of American Proverbs, New York 1955.

Taylor, Archer und *Bartlett Jere Whiting,* A Dictionary of American Proverbs and Proverbial Phrases, 1820-1880, Cambridge/Mass. 1958.

Brunvand, Jan Harold, A Dictionary of Proverbs and Proverbial Phrases from Books Published by Indiana Authors before 1890, Bloomington/Ind. 1961.

Barbour, Frances M., Proverbs and Proverbial Phrases of Illinois, Carbondale/Ill. 1965.

Hall, Joseph S., Sayings from Old Smokey: Some Traditional Phrases, Expressions, and Sentences Heard in the Great Smokey Mountains and Nearby Areas, Asheville/North Carolina 1972.

Dänisch:

Mau, Jens Christian, Dansk ordsprogsskat eller ordsprog, skjaemtesprog, rimsprog, mundheld, talemaader, tankesprog, samt et lille udvalg af bibelsteder, København 1879.

Kristensen, Evald, Danske Ordsprog og Mundheld, København 1890.

Kjaer, Iver og *Bengt Holbek,* Ordsprog i Danmark. 4000 ordsprog fra skrift og tale genem 600 år, København 1969.

Englisch:

Ray, John, A Collection of English Proverbs, Cambridge 1670; London 1813 (Neudruck in Henry G. Bohn).

Bartlett, John, Familiar Quotations, Cambridge/Mass. 1855; Boston 1968.

Bohn, Henry G., A Handbook of Proverbs, London 1855; 1930.

Hazlitt, W. Carew, English Proverbs and Proverbial Phrases, London 1869; Detroit 1969.

Lean's Collectanea, Collections by Vincent Stuckey Lean of Proverbs (English & Foreign), Folk Lore, and Superstitions, also Compilations towards Dictionaries of Proverbial Phrases and Words, old and disused, hrsg. von *T. W. Williams,* 4 Bde., Bristol 1902-1904; Detroit 1969.

Apperson, G. L., English Proverbs and Proverbial Phrases. A Historical Dictionary, London 1929; Detroit 1969.

Smith, William George, The Oxford Dictionary of English Proverbs, Oxford 1935; 1970.

Schmidt-Hidding, Wolfgang und H. Robert Dodd, 1000 idiomatische Redensarten Englisch, 1936; 1975.

Stevenson, Burton, The Home Book (jetzt: The Macmillan Book) of Proverbs, Maxims, and Famous Phrases, New York 1948; 1968.

Tilley, Morris Palmer, A Dictionary of the Proverbs in England in the 16th and 17th Centuries: A Collection of the Proverbs Found in English Literature and the Dictionaries of the Period, Ann Arbor/Mich. 1950.

Kremer, Edmund Philipp, German Proverbs and Proverbial Phrases with Their English Counterparts, Stanford/Calif. 1955.

Voss, Karl, Redensarten der englischen Sprache, 1967; 1975.

Whiting, Bartlett Jere, Proverbs, Sentences and Proverbial Phrases. From English Writings mainly before 1500, Cambridge/Mass. 1968.

Finnisch:

Koskimies, A. V., Kokoelma Suomen Kansan Sananlaskuja, Helsinki 1906.

Kuusi, Matti, Vanhan kansan sananlaskuviisaus. Suomalaisia elämänohjeita, kansanaforismeja, lentäviä lauseita ja kokkapuheita 1544-1826, Porvoo 1953.

Miettinen, Liisa und Pentti Leino, Karjalaisia sananpolvia, Helsinki 1971.

Französisch:

Le Roux de Lincy, Adrien Jean Victor, Le Livre des Proverbes Français précédé de recherches historiques sur les proverbes français et leur emploi dans la littérature du moyen age et de la renaissance, Paris 1842; 1968.

Quitard, Pierre-Marie, Dictionnaire Etymologique, Historique et Anecdotique des Proverbes et des Locutions Proverbiales de la Langue Française, Paris 1842; Genève 1968

Gottschalk, Walter, Die sprichwörtlichen Redensarten der französischen Sprache, 1930.

Vibraye, Henry de, Trésor des proverbes français anciens et modernes, Paris 1934.

Klein, Hans W., 1000 idiomatische Redensarten Französisch, 1937; 1975.

Maeder, Fritz, Proverbes français. Französische Sprichwörter, Zürich 1948.

Blass, Armin, Französische Redewendungen und Sprichwörter, 1956.

Maloux, Maurice, Dictionnaire des Proverbes, Sentences et Maximes, Paris 1960.

Voss, Karl, Redensarten der französischen Sprache, 1966; 1975.

Griechisch:

Polites, Nikolaos G., Meletai peri tou biou kai tês glôssês tou hellênikou laou Paroimiai, 4 Bde., Athen 1899-1902.

Strömberg, Reinhold, Greek Proverbs. A Collection of Proverbs and Proverbial Phrases which are not Listed by the Ancient and Byzantine Paremiographers, Göteborg 1954.

Werner, Jürgen, Altgriechische Sprichwörter nach Sachgruppen geordnet, Diss. Leipzig, 1957.

Strömberg, Reinhold, Griechische Sprichwörter. Eine neue Sammlung, Göteborg 1961.

Holländisch:
Harrebomée, Pieter Jakob, Spreekwoordenboek der Nederlandsche Taal, 3 Bde., Utrecht 1858-1870.
Stoett, Frederick August, Neederlandsche Spreekwoorden, Spreekwijzen, Uitdrukkingen en Gezegden, 2 Bde., Zutphen 1901; 1953.
Cock, Alfons de, Spreekwoorden en zegswijzen, afkomstig van oude gebruiken en volkszeden, Gent 1902; 1908.
Cock, Alfons de, Spreekwoorden, zegswijzen en uitdrukkingen op volksgeloof berustend, 2 Bde., Antwerpen 1920-1922.
Kruyskamp, Cornelius Helenus Adrianus, Allemaal Mensen ... Apologische Spreekwoorden, 's-Gravenhage 1947; 1965

Irisch:
O'Rahilly, Thomas F., A Miscellany of Irish Proverbs, Dublin 1922.

Isländisch:
Jónsson, F., Islenzk Málsháttasafn, Kopenhagen 1920.
Dopheide, Maria, Sprichwörter in der Rede des Isländers, dargestellt an ihrem Gebrauch in der Njáls saga, Diss. Freiburg, 1973.

Italienisch:
Pico Luri di Vassano (= Ludovico Passarino), Saggio di Modi di dire proverbiali e di Motti popolari, Roma 1872; 1875.
Pitrè, Giuseppe, Proverbi siciliani raccolti e confrontati con quelli degli altri dialetti d'Italia, Palermo 1880.
Fumagalli, Giuseppe, Dizionarietto di 2948 sentenze, proverbi, etc., Milano 1934.
Willers, Hermann, 1000 idiomatische Redensarten Italienisch, 1939; 1974.
Speroni, Charles, The Italian Wellerism to the end of the Seventeenth Century, Berkeley/Calif. 1953.
Voss, Karl, Domenico Longo und *Gisela Pasetti-Bombardella,* Redensarten der italienischen Sprache, 1968.

Jiddisch:
Tendlau, Abraham, Sprichwörter und Redensarten deutsch-jüdischer Vorzeit, 1860; gekürzte Neuausgabe 1934.
Bernstein, Ignaz, Jüdische Sprichwörter und Redensarten, Warschau 1908; Hildesheim 1969.
Löwi, K., Jüdische Sprichwörter und Redensarten, Prag 1871.
Elmslie, William Alexander, Studies in Life from Jewish Proverbs, London 1917.
Yoffie, L. R., Yiddish Proverbs, Lancaster 1920.
Roston, Leo, Treasury of Jewish Quotations, New York 1972.
Landmann, Salcia, Jüdische Anekdoten und Sprichwörter. Jiddisch und deutsch, 1965; 1974.

Ayalti, Hanan J., Yiddish Proverbs, New York 1975.
Stahl, Abraham, Proverbs of the Tribes of Israel, Tel Aviv 1975.

Norwegisch:
Aasen, Ivar Andreas, Norske Ordsprog, Christiania 1856; 1881.
Christiansen, Reider Thoralf, Gamle Visdomsord; norske ordsprog i utvalg, Oslo 1928.

Polnisch:
Wurzbach, Constantin, Die Sprichwörter der Polen, 2. Aufl., Wien 1852.
Adalberg, Samuel, Liber Proverbiorum polonicorum cum adagiis... Ksiega przyslów, przypowieści, Warschau 1889-1894.
Krzyzanowski, Julian, Trzy centuri przyslow polskich, Warszawa 1958.
Krzyzanowski, Julian, Madrej glowie dość dwie slowie, 2 Bde., Warszawa 1960.

Rumänisch:
Zanne, Julius, Proverbele Românilor din România, Basarabia, Bucovina, Ungaria, Istria şi Macedonia, 8 Bde., Bucuresci 1895-1900.
Muntean, George, Proverbe româneşti, Bukarest 1967.

Russisch:
Dal, Vladimir Ivanovič, Poslovicy russkago naroda. Sbornik poslovic, pogovorok, 4 Bde., Moskau 1862; 1957.
Klimenko, Ivan, Das russische Sprichwort, Bern 1946.
Graf, Adolf Eduard, 6000 deutsche und russische Sprichwörter, 1956; 1960.
Žigulev, A. M., Russkije narodnyie poslovitsy i pogovorki, Moskau 1958; 1965.
Kalontarov, Ja. I., Tadzikskije poslovitsy i pogovorki v analogii s russkimi, Dušanbe 1965.
Graf, Adolf Eduard, Idiomatische Redewendungen und Redensarten der russischen und deutschen Sprache, 1966.
Jaszczun, Wasyl und *Szymon Krynski,* A Dictionary of Russian Idioms and Colloquialisms, Pittsburgh 1967.
Permjakov, G. L., Izbrannye poslovicy i pogovorki narodov Vostoka, Moskau 1968.
Krylov, C. A., Russian Proverbs and Sayings in Russian and English, New York 1973.

Schottisch:
Stampoy, Pappity, A Collection of Scotch Proverbs, London 1663. Hrsg. von *Archer Taylor,* Los Angeles 1955.
Henderson, Andrew, Scottish Proverbs, Edinburgh 1832; Detroit 1969.
Hislop, Alexander, The Proverbs of Scotland with Explanatory and Illustrative Notes and a Glossary, Glasgow 1862; Detroit 1968.
Nicholson, Alexander, A Collection of Gaelic Proverbs, Edinburgh 1881; Glasgow 1952.

Cheviot, Andrew, Proverbs, Proverbial Expressions, and Popular Rhymes of Scotland, Paisley 1896; Detroit 1969.

Schwedisch:
Solstrand, Vaeinoe, Ordstäv, Helsingfors 1923.
Ström, Federik, Svenskarna i sina ordspråk, jämte sju tusen svenska ordspråk, Stockholm 1926; 1939.

Slowakisch:
Záturecký, Adolf Peter, Slovenské príslovia, porekadlá a úslovia, Prag 1896; Bratislava 1965.
Melicherčik, Andrej und *Eugen Paulíny,* Slovenské ludové príslovia, Bratislava 1953.

Spanisch:
Sbarbi, José María, El Refranero General Español, 10 Teile, Madrid 1874-1878.
Musso y Fontes, José, Diccionario de las Metáforas y Refranes de la lengua castellana, Barcelona 1876.
Haller, Joseph, Altspanische Sprichwörter und sprichwörtliche Redensarten aus den Zeiten vor Cervantes, 1883.
Correas, Gonzalo, Vocabulario de refranes y frases proverbiales y otras fórmulas communes de la lengua castellana, Madrid 1906; 1924.
Sbarbi, José María, Diccionario de Refranes, Adagios, Proverbios, Modismos, Locuciones y Frases Proverbiales de la Lengua Española. Obra postuma (hrsg. von Manuel José García), Madrid 1922.
Rodriguez Marín, Francisco, Más de 21000 Refranes castellanos no contenidos en la copiosa colección del maestro Gonzalo Correas, Madrid 1926.
Rodriguez Marín, Francisco, 12600 Refranes más no contenidos en la colección del maestro Gonzales Correas, Madrid 1930.
Collins, J., Dictionary of Spanish Proverbs, London 1938.
Beinhauer, Werner, 1000 idiomatische Redensarten Spanisch, 1939; 1974.
Rodriguez Marín, Francisco, Todavía 17000 refranes más, no registrados por el maestro Correas, Madrid 1941.
Krauss, Werner, Die Welt im spanischen Sprichwort, 1946, 3. Aufl. (= Reclams Univ.-Bibl. 208), 1975.
Guiter, Henri, Proverbes et dictons catalans, Paris 1969.
Brandenberger, Erna, Refranero Español – Spanische Sprichwörter, 1975.

Tschechisch:
Flajšhans, Václav, Česká přisloví, 2 Bde., Prag 1911-1913.
Dobrovský, Josef, Českých přisloví sbírka, Prag 1963.

Ungarisch:
Nagy, Gábor O., Magyar szólások és közmondások, Budapest 1966.

Für eine vollständigere Liste vgl. *Otto Moll*, Sprichwörterbibliographie, 1958, S. 19–42.

Gaal, Georg von, Şprüchwörterbuch in sechs Sprachen, Deutsch, Englisch, Latein, Italienisch, Französisch und Ungarisch, Wien 1830.

Ward, Caroline, National Proverbs in the Principal Languages of Europe, London 1842.

Čelakowský, Frant. Lad., Mudroslovi národu Slovanského ve přislovic (Weisheit des slawischen Volkes in Sprichwörtern), Prag 1852; 1893.

Cahier, Charles, Quelque six mille proverbes et aphorismes usuels emprun- tés à notre âge et aux siècles derniers, Paris 1856.

Bohn, Henry G., A Polyglot of Foreign Proverbs, Comprising French, Ital- ian, German, Dutch, Spanish, Portuguese and Danish, with English Translations, London 1857; Detroit 1968.

Kelly, Walter K., Collection of the Proverbs of all Nations, London 1859; 1879.

Büchmann, Georg, Geflügelte Worte, 1864; 1972.

Düringsfeld, Ida von und *Otto Freiherr von Reinsberg-Düringsfeld,* Sprich- wörter der germanischen und romanischen Sprachen vergleichend zu- sammengestellt, 2 Bde., 1872 und 1875; 1973.

Wahl, M. C., Das Sprichwort der neueren Sprachen. Ein vergleichender phraseologischer Beitrag, 1877.

Strafforello, Gustavo, La Sapienza del Mondo, ovvero Dizionario universale dei Proverbi di tutti i popoli, 3 Bde., Torino 1870–1883.

Mawr, E. B., Analogous Proverbs in Ten Languages, London 1885.

Middlemore, James, Proverbs, Sayings and Comparisons in Various Lan- guages, London 1889.

Mosing, Irma von, Sprichwörter in vier Weltsprachen. Deutsch, Englisch, Französisch, Italienisch, 1911.

Boecklen, A., Sprichwörter, Proverbes, Proverbj, Proverbios, 1922; 1926. 3. Aufl. mit dem Titel Sprichwörter in 6 Sprachen, hrsg. von Schmidt, 1938; 1947.

Arthaber, Augusto, Dizionario comparato di proverbi e modi proverbiali ita- liani, latini, franzesi, spagnuoli, tedeschi, inghlesi e greci antichi, Milano 1929.

Herg, E., Deutsche Sprichwörter im Spiegel fremder Sprachen unter Berück- sichtigung des Englischen, Französischen, Italienischen, Lateinischen und Spanischen, 1933.

Gottschalk, Walter, Die bildlichen Sprichwörter der Romanen, 3 Bde., 1935, 1936 und 1938.

Klein, Hans Wilhelm, Die volkstümlichen sprichwörtlichen Vergleiche im Lateinischen und in den romanischen Sprachen, Diss. Tübingen, 1936.

Champion, Selwyn Gurney, Racial Proverbs. A Selection of the World's Proverbs Arranged Linguistically of 27 Countries and Races, London 1938; 1963

Hürlimann, Martin, Stimmen der Völker im Sprichwort, Zürich 1945; 1952.

Stevenson, Burton, The Home Book (jetzt: The Macmillan Book) of Proverbs, Maxims, and Famous Phrases, New York 1948; 1968.

Cohen, Israel, Parallel Proverbs in English, German and Hebrew, Tel Aviv 1954.

Davidoff, Henry, A World-Treasury of Proverbs from Twenty-Five Languages, New York 1954.

Ilg, G., Proverbes français suivis des équivalents en allemand, anglais, espagnol, italien, néerlandais, Amsterdam 1960.

Andersen, Adi, Deutsche Sprichwörter und Redensarten mit ihren englischen und französischen Gegenstücken, 1968.

Gluski, Jerzy, Proverbs. Proverbes-Sprichwörter-Proverbi-Proverbios-Poslovicy. A Comparative Book of English, French, German, Italian, Spanish and Russian Proverbs with a Latin Appendix, Amsterdam 1971.

Wiznitzer, Manuel, Bildliche Redensarten. Deutsch, Englisch, Französisch, 1975.

Die in diesem Büchlein abgehandelten Teilaspekte der Parömiologie haben gezeigt, daß das Feld dieser Wissenschaft uneinheitlich bearbeitet worden ist. Gegenüber den älteren historisch-philologischen, literaturwissenschaftlichen und didaktischen Bemühungen sind heute Gegenwartsaspekte, Fragen der Struktur, Funktion und Psychologie immer mehr in den Vordergrund getreten. Reprints verdienter Sammlungen und Forschungen *(Agricola, K. F. W. Wander, F. Seiler, A. Otto, A. Taylor)* ersetzen freilich nicht originelle und neuartige Ansätze. Was der gegenwärtigen Sprichwortforschung im deutschen Sprachgebiet vor allem fehlt, ist Feld- und Kontextforschung. Die richtungweisenden Beobachtungen von *M. Hain* und *F. Ohly* sollten hier zu weiteren Untersuchungen auch in anderen Landschaften und bei anderen sozialen Gruppen anregen. Wichtig wären dabei vor allem Erhebungen über das Sprichwort im Kontext und seine Funktion in der täglichen Rede. Die Frage ›Was bedeutet eventuell ein und dasselbe Sprichwort in verschiedenen Kontexten?‹ ist noch kaum gestellt, geschweige denn beantwortet worden. Auch was man mit *I. Levin* ›Demoskopische Parömiologie‹ nennt, hat im deutschen Sprachgebiet noch wenig Nacheiferer gefunden. Es geht dabei um experimentelle Erhebungen, wieweit sich eine Bevölkerung (nach Alter, Geschlecht, Konfession, Beruf, Religion) mit dem Inhalt eines Sprichworts identifiziert oder nicht, oder auch nur um den Popularitätsgrad von Sprichwörtern. Noch ganz unerforscht ist der sozioökonomische Hintergrund der Sprichwörter. Auch Sprichwörter sind charakteristisch für eine Gesellschaft. Was das Sprichwort aussagt über das Verhältnis von Mann und Frau, über arm und reich – um nur ein paar der wichtigsten Themen zu nennen – wäre noch systematisch anzugehen. Der Sprichwortforscher sollte sich hierbei auch der Mithilfe der Massenmedien, der Zeitungen, des Rundfunks, aber auch der demoskopischen Institute versichern.

Während einige Sonderformen des Sprichworts monographisch schon gut erforscht sind (Wellerismus, Wettersprichwort, Sprichwörtliche Redensarten) fehlen andere noch völlig. So bildet etwa die Untersuchung der deutschsprachigen sprichwörtlichen Vergleiche vom Typ ›Arm wie eine Kirchenmaus‹ ein völliges Desiderat. Abgesehen von Sammlungen gibt es noch keine Monographien zum volkstümlichen Inschriften- und Spruchgut. Entsprechend der Kriterien und der Terminologie, die *M. Kuusi* für eine internationale Typologie als Grundlage des Vergleichs erarbeitet hat, fehlt schließlich und vor allem eine Aufbereitung des deutschen Sprichwortschatzes nach diesen internationalen Kriterien.

Die Sprichwortforschung hat sowohl regional-mundartliche Forschungsaufgaben als auch internationale. Die Aufbereitung einzelner Mundartgebiete oder Kleinlandschaften hinsichtlich ihrer Sprichwörter und Redensarten ist im deutschen Sprachgebiet noch für kaum eine Landschaft geleistet worden. Natürlich gibt es zahlreiche Sammlungen, und erhebliches Material steckt auch in den Mundartwörterbüchern, aber die Frage nach den regionalen und lokalen oikotypischen Besonderheiten und ihren historischen Hintergründen ist noch kaum gestellt worden. Sind etwa die folgenden 3 Beispiele nur Alemannica: ›Wer d'Hose voll hät, hät guet stinke‹; ›E Frosch kann ja au numme quak quak sage‹; ›Wäsch mi, aber mach mi jo nit naß!‹? Die Untersuchung wäre eine kleine Monographie wert! Bei der Feststellung der kulturräumlichen Verbreitung von Sprichwörtern und Redensarten, wie sie insbesondere durch den Atlas der Deutschen Volkskunde erhoben und ausgewertet worden sind (G. Grober-Glück) wünscht man noch mehr Mut zu kulturhistorischen Folgerungen, die über die bloße Statistik hinausreichen.

Wieder andere Aufgaben hat die vergleichende Sprichwort- und Redensartenforschung, die bis jetzt ebenfalls nur in ganz geringen Ansätzen vorhanden ist. Zunächst ist zu fragen, welche Sprichwörter und Redensarten überhaupt internationale Verbreitung besitzen und warum. Entsprechungen im Sprichwort- und Redensartengut anderer Völker können Parallelen aufgrund eines gemeinsamen Kulturerbes sein, z. B. sprichwörtlich gewordene Bibelzitate, Weiterwirken antiken parömiologischen Gutes, aber auch spätere Entlehnungen. Die Wege der Sprichwörter und Redensarten von einem Volk zum anderen sind noch wenig erforscht. Ebenso wissen wir noch zu wenig darüber, wer die Mittler von einem Kulturkreis zum anderen sind. Man kann dabei ebensogut an die zweisprachige Grenzbevölkerung denken wie an die berufsmäßigen Wanderer, Spielleute und Handwerker in früherer Zeit, Soldaten und Seeleute bis auf unsere Tage. Hinzu kommt das Werk von Dichtern und Schriftstellern, d. h. übersetzte Literatur aller Zeiten. Nicht immer sind die Entwicklungswege klar. Meistens sind sie sogar undurchsichtig und verworren.

Regionale und internationale Sprichwort- und Redensartenforschung unterscheiden sich nicht nur durch die geographische Perspektive. Ursprung und Verbreitung der international gebräuchlichen Sprichwörter sind vorwiegend literarisch, während die nur einem Volk oder einer Volksgruppe eigenen Sprichwörter meistens nur mündlich fortleben. Den beiden unterschiedlichen Gruppen entsprechen auch unterschiedliche Forschungsaspekte und Methoden. Die Sprichwort- und Redensartenforschung verlangt international vergleichende Aspekte, eine gewiß lohnende Aufgabe, die bis jetzt aber nur in wenigen Ansätzen praktisch versucht worden ist, wie z. B. in *M. Kuusis* methodisch mustergültiger und bahnbrechender Untersuchung ›Regen bei Sonnenschein‹. Im Grunde verlangt jedes einzelne Sprichwort eine Monographie für sich, und in vielen Fällen würde sich ein solcher Versuch sicherlich lohnen. Es fehlen aber auch Monographien über wichtige Sprichwortsammlungen und -sammler. Es fehlt weiter an einer brauchbaren Bibliographie, geordnet nach Stichworten und versehen mit kritischen Bemerkungen, denn die Bibliographie von *O. Moll* ist ein Monstrum, in dem niemand das Wichtige vom Unwichtigen unterscheiden kann, von den zahllosen Druckfehlern ganz zu schweigen. Diese Bibliographie sollte auch realisierbar sein, d. h. es sollten wenigstens an einer Bibliothek der BRD zentral alle Neuerscheinungen auf dem Gebiet der Parömiologie angeschafft werden, um so vergleichende Arbeiten zu ermöglichen und zu fördern.

Im Zusammenhang mit der Erarbeitung des »Lexikons der sprichwörtlichen Redensarten« *(L. Röhrich)* gibt es zwar in Freiburg i. Brsg. ein stets weiter anwachsendes Archiv für die sprichwörtlichen Redensarten. Vorbereitet wird eine völlig neu bearbeitete Ausgabe des Redensartenlexikons in drei Bänden. In Verbindung damit steht eine Bilddokumentation von Sprichwörtern und Redensarten in Vergangenheit und Gegenwart. Besondere Aufmerksamkeit gilt dabei den Beziehungen zwischen Emblematik und Sprichwort. Es fehlt jedoch im deutschen Sprachraum ein zentrales Archiv für das Sprichwort, wie dies in anderen Ländern zum Teil schon besteht (Finnland, Tschechoslowakei). Man hat zwar *K. F. W. Wanders* Sprichwörterlexikon 1964 im fotomechanischen Verfahren, d. h. unverändert nachgedruckt, doch ist Wanders fünfbändiges Werk nirgends Basis eines Archivs oder Grundstock weiterer Nachforschungen und Gegenwartserhebungen geworden. Eine gewichtige und zukunftsweisende Arbeit wird jedoch in Bern geleistet, wo sich der Nachlaß *S. Singers* befindet (»Singer-Thesaurus«, Universitäts-Bibliothek).

Die unter der Leitung von Dr. Ricarda Liver stehende Arbeitsstelle erarbeitet nach der Idee von Samuel Singer und mit den von ihm gesammelten Materialien einen ›Thesaurus der Sprichwörter des romanisch-germanischen Mittelalters‹ (von 500–1500) einschließlich der Sammlungen des 16. Jhs., soweit sie älteres Material enthalten. Vorgesehen ist ein mehrbändiges (z. Zt. auf 10 Bde. berechnetes) Lexikon, in dem die ca. 70 000 Sprichwörter unter ca. 2000 alphabetisch geordneten Stichwörtern im Originaltext und mit deutscher Übersetzung erscheinen. Die Gliederung der einzelnen Artikel, wenn sie nicht nur ganz wenige Sprichwörter enthalten, erfolgt nach inhaltlichen Kriterien, so daß Gruppen gleicher oder ähnlicher Sprichwörter unter einem möglichst sprechenden Untertitel zusammengefaßt werden. Innerhalb dieser Unterabschnitte folgen die Sprichwörter in einer festen Folge der Sprachen: Griechisch, Lateinisch, Französisch, Provenzalisch, Italienisch, Katalanisch, Spanisch, Portugiesisch, Altnordisch, Englisch, Niederländisch, Deutsch, innerhalb der einzelnen Sprachen in chronologischer Reihenfolge. Probeartikel des Unternehmens liegen bereits vor.

›Endziel‹ wäre ein neuer »Wander«, der wirklich authentisches und zuverlässiges Material böte, die Gegenwartsquellen wie historischen Belege einschlösse und auch Aussagen über Gebrauchsfunktion, Herkunft und Verbreitung der deutschsprachigen Sprichwörter darlegen würde: Aufgaben für viele Forscher!

Literatur:

Anikin, V. P., Zehn Thesen, in: Proverbium 2, 1965, 31.

Jente, Richard, The Untilled Field of Proverbs, in: Studies in Language and Literature, hrsg. von *George R. Coffman,* Chapel Hill/North Carolina 1945, 112–119.

Kuusi, Matti, Regen bei Sonnenschein. Zur Weltgeschichte einer Redensart (FFC 171), Helsinki 1957.

Kuusi, Matti, Parömiologische Betrachtungen (FFC 172), Helsinki 1957.

Kuusi, Matti, Thesen für das parömiologische Symposium in Helsinki 28. 8. 1965, in: Proverbium 3, 1965, 58.

Kuusi, Matti, Towards an international Type-System of proverbs (FFC 211), Helsinki 1972 = Proverbium 19, 1972, 699–735.

Kuusi, Matti, (Hrsg.), Resolutions of the Symposium on Paremiology in Helsinki, June 19–21, 1974, in: Proverbium 24, 1974, 929–934.

Levin, Isidor, Überlegungen zur demoskopischen Parömiologie, in: Proverbium 11, 1968, 289–293 und 13, 1969, 361–368.

Mieder, Wolfgang, Das Sprichwort in unserer Zeit, Frauenfeld 1975.

Mieder, Wolfgang (Hrsg.), Ergebnisse der Sprichwörterforschung, Bern 1977 (im Druck).

Richter, Roland, Proverbs in Context. A structural approach, in: Fabula 15, 1974, 212 ff.

Röhrich, Lutz, Lexikon der sprichwörtlichen Redensarten, 2 Bde., 4. Aufl. 1976.

Singer, Samuel, Sprichwörter des Mittelalters, 3 Bde. Bern 1944/1947.